바로
바로

초등 **6**

필수

한자

바로바로 초등 6 필수 한자

저 자 FL4U컨텐츠

발행인 고본화

발 행 반석북스

교재공급처 반석출판사

2024년 2월 15일 초판 1쇄 인쇄

2024년 2월 20일 초판 1쇄 발행

홈페이지 www.bansok.co.kr

이메일 bansok@bansok.co.kr

블로그 blog.naver.com/bansokbooks

07547 서울시 강서구 양천로 583. B동 1007호

(서울시 강서구 염창동 240-21번지 우림블루나인 비즈니스센터 B동 1007호)

대표전화 02) 2093-3399 **팩 스** 02) 2093-3393

출 판 부 02) 2093-3395 **영업부** 02) 2093-3396

등록번호 제315-2008-000033호

ISBN 978-89-7172-984-7 (63700)

바로
바로 초등 **6**

필수

한자

반석
북스

최근 사회가 디지털화 되어 감에 따라 학생들의 독서량이 줄어들고 있습니다. 독서량이 줄어드니 자연스럽게 학생들의 어휘력이 떨어지면서 기본적인 단어의 뜻을 모르거나 글을 읽고 의미를 파악하는 문해력이 떨어지면서 문제를 읽어도 이해하지 못하는 등의 문제가 생기게 됩니다.

이렇게 어휘력과 문해력이 떨어지는 현상은 학생들의 한자어에 대한 이해와도 관련이 있다고 할 수 있습니다. 한자어는 우리말의 약 70%를 차지하고 있으며 실제로 일상에서 자주 사용하는 단어들 대부분이 한자어인 경우가 많습니다. 한자어는 둘 이상의 한자를 조합한 단어이기 때문에 한자를 공부하면 그에 따른 많은 어휘를 배울 수 있고 처음 보는 어휘라도 한자를 통해 그 의미를 유추할 수 있습니다. 하지만 한자어를 구성하는 한자를 알지 못하면 해석에 한계가 생기게 되고 문해력도 떨어질 수 밖에 없게 됩니다. 그렇기 때문에 어렸을 때 한자를 학습하는 것은 아이들의 어휘력 향상과 학습에 많은 도움을 줄 수 있습니다.

이 책은 학년별로 익혀야 할 단어를 선별하여 단어의 뜻과 단어를 구성하는 한자를 함께 학습할 수 있도록 하였습니다. 또한 각 한자가 쓰이는 다른 예시 단어들을 추가하여 한자의 다양한 쓰임을 배우고 예문을 통해 단어가 문장에서 어떻게 쓰이는지 익힐 수 있도록 하여 어휘력과 문해력을 향상시킬 수 있도록 하였습니다.

이 책을 통해 한자를 처음 배우는 어린이나 입문자분들이 한자에 흥미를 가지고 한자를 쉽게 배울 수 있으면 좋겠습니다. 이 책이 한자를 학습하는 모든 분들께 도움이 되기를 바랍니다.

FL4U컨텐츠

목차

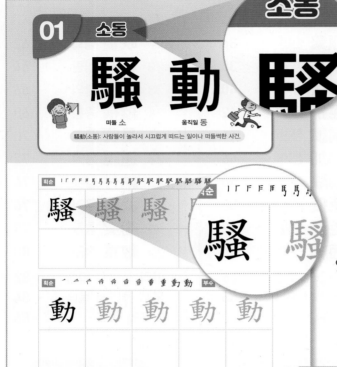

단어를 통한 한자 학습

평소에 자주 쓰는 단어의 뜻과 단어를 구성하는 한자를 익힐 수 있어 한자를 효과적으로 학습할 수 있습니다.
두 개의 한자로 이루어진 단어 60개를 수록하여 총 120개의 한자를 학습할 수 있습니다.

따라쓰기

획순과 부수를 참고하여 한자를 직접 따라 쓰면서 한자를 익힐 수 있도록 하였습니다.

어휘력

단원별 단어를 구성하는 한자가 쓰이는 다른 예시 단어를 각각 두 개씩 수록하여 다양한 단어를 배울 수 있어 어휘력을 향상시킬 수 있습니다.

문해력

학습한 단어가 문장에서 어떻게 쓰이는지 예문을 통해 배울 수 있어 문해력을 향상시킬 수 있습니다.

따라쓰고 문제 풀면서 배운 한자 복습

10개의 단원이 끝날 때마다 〈따라 쓰면서 복습〉, 〈문제 풀면서 복습〉, 〈마무리 퀴즈〉를 수록하여 앞에서 배운 한자를 복습할 수 있도록 하였습니다.

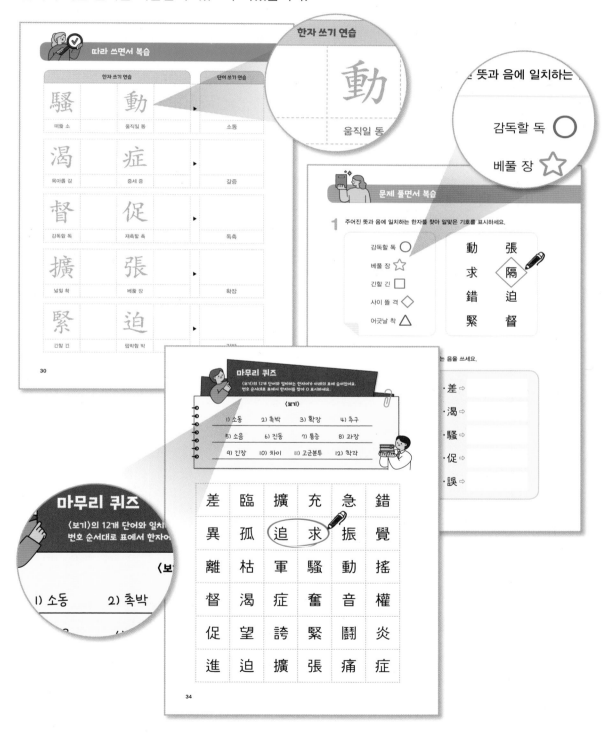

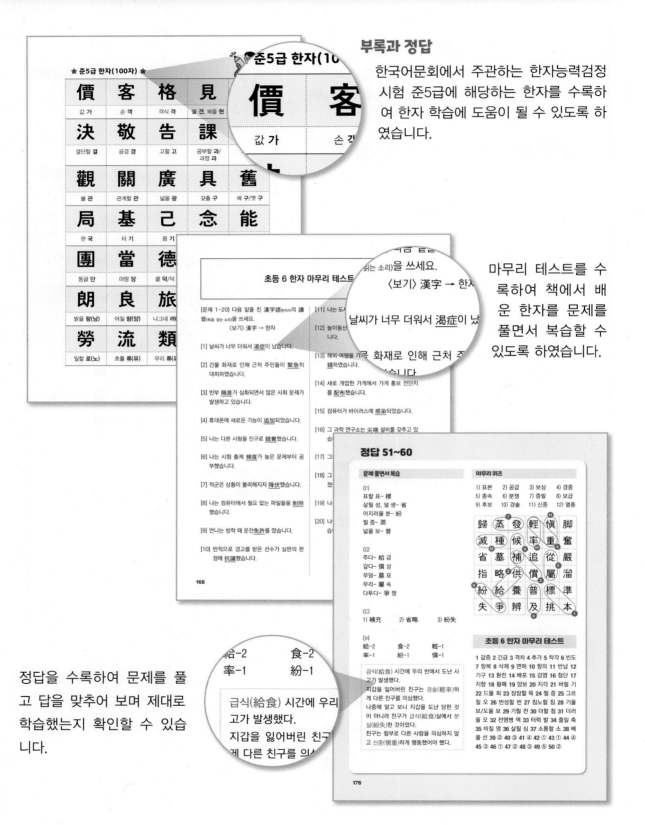

부록과 정답

한국어문회에서 주관하는 한자능력검정 시험 준5급에 해당하는 한자를 수록하여 한자 학습에 도움이 될 수 있도록 하였습니다.

마무리 테스트를 수록하여 책에서 배운 한자를 문제를 풀면서 복습할 수 있도록 하였습니다.

정답을 수록하여 문제를 풀고 답을 맞추어 보며 제대로 학습했는지 확인할 수 있습니다.

01~10

이번 장에서 배울 내용입니다.
한자의 뜻과 음을 보고
단어의 의미를 유추해보세요.

騷 떠들 소	動 움직일 동		渴 목마를 갈	症 증세 증	
督 감독할 독	促 재촉할 촉		擴 넓힐 확	張 베풀 장	
緊 긴할 긴	迫 핍박할 박		隔 사이 뜰 격	差 다를 차	
戰 싸움 전	鬪 싸울 투/ 싸움 투		便 편할 편	利 이로울 리(이)	
追 쫓을 추/ 따를 추	求 구할 구		錯 어긋날 착	誤 그르칠 오	

소동

騷動

떠들 소　　　　　움직일 동

騷動(소동): 사람들이 놀라서 시끄럽게 떠드는 일이나 떠들썩한 사건.

| 획순 | ｜ Ｆ Ｆ Ｆ Ｆ 馬 馬 馬 馬 馬 駆 駆 駆 駆 駆 騷 騷 騷 騷 | 부수 | 馬 |

騷	騷	騷	騷	騷

| 획순 | ′ ′ ′ ′ 台 台 台 台 重 重 動 動 | 부수 | 力 |

動	動	動	動	動

어휘력 騷와 動이 포함된 단어는 또 무엇이 있을까요?

어지러울 **란(난)**

騷 亂

소란: 시끄럽고 어수선함.

떨칠 **진**

振 動

진동: 흔들려 움직임.

騷 動

소리 **음**

騷 音

소음: 시끄러워 불쾌감을 주는 소리.

흔들 **요**

動 搖

동요: 어떤 물체가 흔들려 움직임. 또는 생각이나 상황 등이 확고하지 않고 흔들림.

문해력 騷와 動이 포함된 단어는 문장에서 어떻게 쓰일까요?

학교 근처 공사장의 **騷音**이 심해서 수업에 방해가 되었다.

나는 영화 시작 전에 휴대폰 벨소리를 **振動**으로 바꾸었다.

갈증

渴 症

목마를 갈 　　　　　 증세 증

渴症(갈증): 목이 말라 물이 마시고 싶은 느낌.

획순 ` ` 氵 氵 汩 汩 沪 渇 渇 渇 渇 渇 **부수** 氵

渴	渴	渴	渴	渴

획순 ` 宀 广 广 疒 疒 疔 疔 症 症 **부수** 疒

症	症	症	症	症

어휘력 渴과 症이 포함된 단어는 또 무엇이 있을까요?

바랄 **망**

渴 望

갈망: 간절히 바람.

불꽃 **염**

炎 症

염증: 생체 조직이 손상됐을 때 몸에서 일어나는 방어적 반응.

渴 症

마를 **고**

枯 渴

고갈: 물이 말라 없어짐. 또는 어떤 것이 다하여 없어짐.

아플 **통**

痛 症

통증: 아픈 증세.

문해력 渴과 症이 포함된 단어는 문장에서 어떻게 쓰일까요?

날씨가 너무 더워서 <u>渴症</u>이 났다.

상처를 제대로 치료하지 않았더니 곪아서 <u>炎症</u>이 났다.

督 促

감독할 독　　　　　　　**재촉할 촉**

督促(독촉): 어떤 일을 빨리하도록 다그치고 재촉함.

| 획순 | ′ ｜ ├ ┝ ┠ ╆ 朴 叔 叔 杼 杼 督 督 | 부수 目 |

督	督	督	督	督

| 획순 | ′ ｜ 亻 亻 伫 伊 伊 促 促 | 부수 亻 |

促	促	促	促	促

어휘력 督과 促이 포함된 단어는 또 무엇이 있을까요?

힘쓸 **려(여)**

督 勵

독려: 감독하며 기운 등을
북돋워 줌.

나아갈 **진**

促 進

촉진: 재촉해 빨리
나아가게 함.

督 促

볼 **감**

監 督

감독: 일이나 사람 등이 잘못되지 않도록
단속하고 지휘함. 또는 영화나 경기 등에서
책임지고 전체를 지휘하고 관리하는 사람.

핍박할 **박**

促 迫

촉박: 기한이 가까이
닥쳐와 급함.

문해력 督과 促이 포함된 단어는 문장에서 어떻게 쓰일까요?

<u>監督</u>의 <u>督勵</u> 덕분에 선수들은 이번 경기에서 좋은 성과를 거둘 수 있었다.

비행기 시간이 <u>促迫</u>하여 우리는 서둘러 공항으로 출발하였다.

04 확장

擴 張

넓힐 **확**

베풀 **장**

擴張(확장): 늘려서 넓힘.

획순 一 十 扌 扩 扩 扩 扩 扩 扩 扩 扩 擴 擴 擴 擴 擴 擴 **부수** 扌

擴	擴	擴	擴	擴

획순 ⁻ ⁻ 弓 引 弡 弨 弨 弨 張 張 張 **부수** 弓

張	張	張	張	張

어휘력 擴과 張이 포함된 단어는 또 무엇이 있을까요?

흩을 산

擴 散

확산: 흩어져 퍼짐.

임금 주/주인 주

主 張

주장: 자신의 의견을 내세움. 또는 어떤 일을 책임지고 맡아 처리하는 사람.

擴 張

채울 충

擴 充

확충: 늘리고 넓혀 충실하게 보충함.

자랑할 과

誇 張

과장: 사실보다 불려서 나타냄.

문해력 擴과 張이 포함된 단어는 문장에서 어떻게 쓰일까요?

정부는 전염병의 **擴散**을 막기 위해 방역을 실시하였다.

토론을 할 때는 자신의 의견만 **主張**하는 것이 아니라 상대방의 의견도 경청할 줄 알아야 한다.

緊 迫

긴할 **긴**　　　　　핍박할 **박**

緊迫(긴박): 다급하고 급박함.

| 획순 | ー　T　F　F　芹　臣　臣ノ　臣又　臤　臤　臤　堅　堅　緊　緊 | 부수 糸 |

緊	緊	緊	緊	緊

| 획순 | ′　′′　白　白　白　迫　迫　迫 | 부수 辶 |

迫	迫	迫	迫	迫

어휘력 緊과 迫이 포함된 단어는 또 무엇이 있을까요?

베풀 **장**

緊 張

긴장: 마음을 놓치 않고 정신을 바짝 차림.

임할 **림(임)**

臨 迫

임박: 때가 가까이 닥쳐옴.

緊 迫

급할 **급**

緊 急

긴급: 꼭 필요하고 매우 급함.

누를 **압**

壓 迫

압박: 힘으로 강하게 누름. 또는 세력으로 제약하고 억누름.

문해력 緊과 迫이 포함된 단어는 문장에서 어떻게 쓰일까요?

시험 날짜가 <u>臨迫</u>하자 그는 <u>緊張</u>이 되었다.

건물 화재로 인해 근처 주민들이 <u>緊急</u>히 대피하였다.

隔差

사이 뜰 **격**　　　　　다를 **차**

隔差(격차): 수준 등이 서로 다른 정도나 차이.

획순 ` ⼘ ⻖ ⻖ ⻖ ⻖ ⻖ ⻖ 隔 隔 隔 隔 隔　　**부수** ⻖

隔	隔	隔	隔	隔

획순 ` ⼀ ⼀ ⼀ ⼀ ⼀ 差 差 差 差 差　　**부수** 工

差	差	差	差	差

어휘력 隔과 差가 포함된 단어는 또 무엇이 있을까요?

사이 **간**

間 隔

간격: 공간적 또는
시간적으로 떨어진 거리.

다를 **이(리)**

差 異

차이: 서로 다름.
또는 그런 정도.

隔 差

떠날 **리(이)**

隔 離

격리: 서로 통하지 못하게
떨어뜨려 놓음.

다 **함**/짤 **함** 일 **흥**/ 흥취 **흥**   하여금 **사**/부릴 **사**

咸 興 差 使

함흥차사: 심부름 간 사람이 소식이 없거나 늦게
오는 것을 이르는 말로 태조 이성계가 함흥에 있을 때
태종이 보낸 차사를 죽이거나 잡아 가두어
돌려보내지 않은 것에서 유래함.

문해력 隔과 差가 포함된 단어는 문장에서 어떻게 쓰일까요?

빈부 <u>隔差</u>가 심화되면서 많은 사회 문제가 발생하고 있다.

우리는 시험을 보기 위해 옆 사람과 <u>間隔</u>을 넓혀 앉았다.

戰 鬪

싸움 전　　　　　싸울 투/싸움 투

戰鬪(전투): 두 군대가 조직적으로 무기를 사용하여 싸움.

| 획순 | ＼ ＼ ＼ ＼ ＼ ＼ ＼ ＼ ＼ ＼ ＼ 單 單 戰 戰 戰 | 부수 | 戈 |

| 戰 | 戰 | 戰 | 戰 | 戰 |

| 획순 | ｜ ｢ ｢ ｢ ｢ ｢ ｢ ｢ 鬥 鬥 鬥 鬪 鬪 鬪 鬪 鬪 鬪 鬪 | 부수 | 鬥 |

| 鬪 | 鬪 | 鬪 | 鬪 |

어휘력 戰과 鬪가 포함된 단어는 또 무엇이 있을까요?

돌울 **도**

挑 戰

도전: 정면으로 싸움을 걺. 또는 어려운 일 등에 맞서는 것을 비유함.

외로울 **고**　군사 **군**　떨칠 **분**

孤 軍 奮 鬪

고군분투: 다른 사람의 도움을 받지 않고 힘든 일을 잘 해나가는 것을 비유적으로 이르는 말.

戰 鬪

메 **산**　물 **수**

山 戰 水 戰

산전수전: 산에서도 싸우고 물에서도 싸움을 뜻하는 말로 세상의 어려운 일을 모두 겪어 봄을 비유적으로 이르는 말.

다툴 **쟁**

鬪 爭

투쟁: 어떤 것을 이기고 극복하기 위해 힘쓰고 싸움.

문해력 戰과 鬪가 포함된 단어는 문장에서 어떻게 쓰일까요?

많은 군인들이 **戰鬪** 중에 부상을 당했다.

선수들은 불리한 상황에도 불구하고 **孤軍奮鬪**하여 결국 경기에서 이겼다.

08 편리

便利

편할 편　　　　　이로울 리(이)

便利(편리): 편하고 이용하기 쉬움.

획순	ノ イ イ゙ 彳 乍 乍 佰 便 便	부수	亻

便	便	便	便	便

획순	ノ 二 千 禾 禾 利 利	부수	刂

利	利	利	利	利

어휘력 便과 利가 포함된 단어는 또 무엇이 있을까요?

대쪽 **간**/간략할 **간**

簡 便

간편: 간단하고 편리함.

저울추 **권**/권세 **권**

權 利

권리: 어떤 일을 처리하거나 다른 사람에 대하여 당연하게 주장하거나 요구할 수 있는 자격.

便 利

마땅 **의**　가게 **점**

便 宜 店

편의점: 사람들이 이용하기 편하도록 24시간 영업하는 잡화점.

열매 **실**

實 利

실리: 실질적으로 얻는 이익.

문해력 便과 利가 포함된 단어는 문장에서 어떻게 쓰일까요?

便宜店은 늦은 시간에도 이용할 수 있어 便利하다.

최근 일인 가구의 증가로 簡便하게 먹을 수 있는 음식이 많이 팔린다.

追 求

쫓을 추/따를 추   구할 구

追求(추구): 목적한 것을 이루기 위해 좇아 구함.

| 획순 | ′ 亻 亻 ⺆ 亻 亖 亖 亖 亖 追 追 | 부수 | 辶 |

追　追　追　追　追

| 획순 | 一 丁 丁 才 才 求 求 | 부수 | 水 |

求　求　求　求　求

어휘력 追와 求가 포함된 단어는 또 무엇이 있을까요?

더할 **가**

追 加

추가: 나중에 더해서 보탬.

요긴할 **요**/허리 **요**

要 求

요구: 필요하여 달라고 청함.

追 求

생각할 **억**

追 憶

추억: 지난 일을 돌이켜 생각함.

재촉할 **촉**

促 求

촉구: 재촉하여 요구함.

문해력 追와 求가 포함된 단어는 문장에서 어떻게 쓰일까요?

이번에 새로 출시된 휴대폰에 새로운 기능이 <u>追加</u>되었다.

학교는 학생들의 <u>要求</u>사항을 반영하여 학습 환경을 개선하였다.

錯 誤

어긋날 **착**   그르칠 **오**

錯誤(착오): 착각하여 잘못함.

획순 ノ ヽ ヽ ヒ ヒ 牟 牟 金 金 金 釒 釒 鉗 鈝 錯 錯 錯 **부수** 金

錯	錯	錯	錯	錯

획순 ヽ ヽ ニ ヒ 言 言 言 言 記 記 記 誤 誤 誤 **부수** 言

誤	誤	誤	誤	誤

어휘력 錯과 誤가 포함된 단어는 또 무엇이 있을까요?

깨달을 **각**

錯覺

착각: 어떤 것을 실제와 다르게 잘못 생각함.

다를 **차**

誤差

오차: 실제로 계산한 값과 정확한 값의 차이.

錯誤

볼 **시**

錯視

착시: 시각적으로 착각하는 현상.

지날 **과**

過誤

과오: 부주의 등으로 인한 잘못.

문해력 錯과 誤가 포함된 단어는 문장에서 어떻게 쓰일까요?

연구진은 여러 번의 시행<u>錯誤</u> 끝에 새로운 프로그램을 개발했다.

나는 다른 사람을 친구로 <u>錯覺</u>하고 친구의 이름을 부르며 인사했다.

따라 쓰면서 복습

한자 쓰기 연습				단어 쓰기 연습
騷 떠들 소		動 움직일 동	▶	소동
渴 목마를 갈		症 증세 증	▶	갈증
督 감독할 독		促 재촉할 촉	▶	독촉
擴 넓힐 확		張 베풀 장	▶	확장
緊 긴할 긴		迫 핍박할 박	▶	긴박

한자 쓰기 연습				단어 쓰기 연습
隔		差		
사이 뜰 격		다를 차	▶	격차
戰		鬪		
싸움 전		싸울 투/ 싸움 투	▶	전투
便		利		
편할 편		이로울 리(이)	▶	편리
追		求		
쫓을 추/ 따를 추		구할 구	▶	추구
錯		誤		
어긋날 착		그르칠 오	▶	착오

1 주어진 뜻과 음에 일치하는 한자를 찾아 알맞은 기호를 표시하세요.

감독할 독 ○

베풀 장 ☆

긴할 긴 □

사이 뜰 격 ◇

어긋날 착 △

動　　　張

求　◇隔

錯　　迫

緊　　　督

2 주어진 뜻과 한자를 연결하고 한자에 맞는 음을 쓰세요.

떠들다 ·　　　　·差 ⇨

목마르다 ·　　　·渴 ⇨

재촉하다 ·　　　·騷 ⇨

다르다 ·　　　·促 ⇨

그르치다 ·　　　·誤 ⇨

3 주어진 뜻과 어울리는 한자어에 O 표시하세요.

1) 목이 말라 물이 마시고 싶은 느낌.

騷亂 / 渴症

2) 정면으로 싸움을 겲. 또는 어려운 일 등에 맞서는 것을 비유함.

挑戰 / 督促

3) 나중에 더해서 보탬.

隔離 / 追加

4 다음 글을 읽고 주어진 한자가 각각 몇 번 나왔는지 그 횟수를 쓰세요.

오늘은 학교에서 가까운 산으로 등산을 갔다.

여름이라 더워서 갈증이 났다.

산을 오르다가 넘어져서 다쳤는데 선생님께서

염증이 나지 않도록 응급처치를 해주셨다.

통증이 있었지만 선생님께서 독려해 주신 덕분에

끝까지 산을 오를 수 있었다.

渴 ······ ◯
症 ······ ◯
炎 ······ ◯
痛 ······ ◯
督 ······ ◯
勵 ······ ◯

33

마무리 퀴즈

〈보기〉의 12개 단어와 일치하는 한자어가 아래의 표에 숨어있어요.
번호 순서대로 표에서 한자어를 찾아 O 표시하세요.

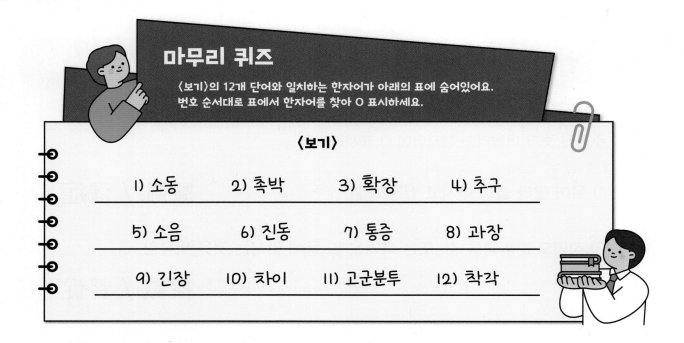

〈보기〉

1) 소동	2) 촉박	3) 확장	4) 추구
5) 소음	6) 진동	7) 통증	8) 과장
9) 긴장	10) 차이	11) 고군분투	12) 착각

差	臨	擴	充	急	錯
異	孤	追	求	振	覺
離	枯	軍	騷	動	搖
督	渴	症	奮	音	權
促	望	誇	緊	鬪	炎
進	迫	擴	張	痛	症

11~20

이번 장에서 배울 내용입니다.
한자의 뜻과 음을 보고
단어의 의미를 유추해보세요.

頻 繁
자주 빈 번성할 번

降 伏
내릴 강,
항복할 항 엎드릴 복

稱 讚
일컬을 칭/
저울 칭 기릴 찬

削 除
깎을 삭 덜 제

毛 髮
터럭 모 터럭 발

崇 高
높을 숭 높을 고

屈 折
굽힐 굴 꺾을 절

添 加
더할 첨 더할 가

免 疫
면할 면 전염병 역

短 縮
짧을 단 줄일 축

頻繁

자주 빈   번성할 번

頻繁(빈번): 횟수가 매우 잦음.

획순 ` ⺊ ⺊ ⺊ ⺊ ⺊ ⺊ ⺊ ⺊ 步 步 步 步 步 頻 頻 頻 頻 頻 頻`   **부수** 頁

頻	頻	頻	頻	頻

획순 ` ⺀ ⺊ 仁 句 句 句 每 每 每 敏 敏 敏 繁 繁 繁 繁 繁`   **부수** 糸

繁	繁	繁	繁	繁

어휘력 頻과 繁이 포함된 단어는 또 무엇이 있을까요?

필 **발**

頻 發

빈발: 어떤 일이 자주
일어남.

영화 **영**/꽃 **영**

繁 榮

번영: 번성하고
영화롭게 됨.

頻 繁

법도 **도**

頻 度

빈도: 반복되는 정도나
횟수.

창성할 **창**

繁 昌

번창: 일이 잘 되어
번성하고 발전함.

문해력 頻과 繁이 포함된 단어는 문장에서 어떻게 쓰일까요?

빗길에는 교통 사고가 **頻繁**하게 일어난다.

시험 공부를 할 때는 출제 **頻度**가 높은 문제부터 공부하는 것이 효율적이다.

崇 高

높을 숭   높을 고

崇高(숭고): 뜻이 높고 고상함.

| 획순 | ＇ 屮 屮 屮 屵 屵 峃 学 崇 崇 | 부수 山 |

崇	崇	崇	崇	崇

| 획순 | ＇ 亠 亠 古 古 古 高 高 高 高 | 부수 高 |

高	高	高	高	高

어휘력 崇과 高가 포함된 단어는 또 무엇이 있을까요?

오히려 **상**

崇 尙

숭상: 높게 우러러
소중하게 여김.

오히려 **상**

高 尙

고상: 품위가 있으며
수준이 높고 훌륭함.

崇 高

절 **배**

崇 拜

숭배: 거룩하게 여겨
우러러 공경함.

깨끗할 **결**

高 潔

고결: 고상하고 깨끗함.

문해력 崇과 高가 포함된 단어는 문장에서 어떻게 쓰일까요?

우리는 순국선열들의 <u>崇高</u>한 희생정신에 감명을 받았다.

☆ 나라를 위해 목숨을 바친 조상 대(代)의 열사를 순국선열(殉國先烈)이라고 합니다.

그는 말투가 교양 있고 클래식 음악을 즐겨 듣는 <u>高尙</u>한 사람이다.

13 항복

降 伏

내릴 강, 항복할 항　　　**엎드릴 복**

降伏(항복): 전쟁이나 싸움 등에서 적이나 상대의 힘에 눌려 굴복함.

획순 `' ` ` ` ` ` ` ` ` 阝 阝 阝 阝 阝 降 降 降 降`　　　**부수** 阝

降	降	降	降	降

획순 `` ` ` 丿 亻 亻 伙 伏 伏`　　　**부수** 亻

伏	伏	伏	伏	伏

어휘력 降과 伏이 포함된 단어는 또 무엇이 있을까요?

던질 **투**

投 降

투항: 적에게 항복함.

일어날 **기**

起 伏

기복: 땅의 모양이나 형세가 높았다가 낮았다가 함. 또는 세력이나 기세가 좋았다가 나빴다가 함.

降 伏

아래 **하**

下 降

하강: 높은 곳에서 아래로 내려옴.

잠길 **잠**

潛 伏

잠복: 드러나지 않게 숨음.

* 降은 '내릴 강'으로 쓰였습니다.

문해력 降과 伏이 포함된 단어는 문장에서 어떻게 쓰일까요?

적군은 상황이 불리해지자 <u>降伏</u>했다.

사춘기인 언니는 요즘 감정 <u>起伏</u>이 심하다.

屈 折

굽힐 굴   꺾을 절

屈折(굴절): 휘어서 꺾임.

| 획순 ㄱ ㄱ 尸 尺 屈 屈 屈 屈 | 부수 尸 |

| 屈 | 屈 | 屈 | 屈 | 屈 |

| 획순 一 十 才 扌 扩 扩 折 折 | 부수 扌 |

| 折 | 折 | 折 | 折 | 折 |

어휘력 屈과 折이 포함된 단어는 또 무엇이 있을까요?

옷 **복**

屈 服

굴복: 힘이 모자라 뜻을
굽히고 복종함.

반 **반**

折 半

절반: 하나를 반으로
나눔.

屈 折

욕될 **욕**

屈 辱

굴욕: 다른 사람에게 눌려
업신여김 당함.

뼈 **골**

骨 折

골절: 뼈가 부러짐.

문해력 屈과 折이 포함된 단어는 문장에서 어떻게 쓰일까요?

독립운동가들은 일제의 탄압에 屈服하지 않고 맞서 싸웠다.

나는 사과 한 개를 동생과 사이좋게 折半으로 나누어 먹었다.

稱 讚

일컬을 칭/저울 칭

기릴 찬

稱讚(칭찬): 좋은 점이나 훌륭한 점을 높이 평가함. 또는 그런 말.

| 획순 | ´ ⠂ ⠆ 千 禾 禾 禾 禾 秆 秆 稍 稍 稱 稱 稱 | 부수 | 禾 |

稱	稱	稱	稱	稱

| 획순 | ` ⠂ ⠆ ⠇ 言 言 言 言 訁 訁 訔 誩 誩 讃 讃 讃 讃 讃 讃 讃 讃 讃 讃 讃 | 부수 | 言 |

讚	讚	讚	讚	讚

44

어휘력 稱과 讚이 포함된 단어는 또 무엇이 있을까요?

칭송할 **송**/기릴 **송**

稱 頌

칭송: 어떤 것을 칭찬하여 일컬음.

말씀 **사**

讚 辭

찬사: 칭찬하는 말.

稱 讚

부를 **호**

呼 稱

호칭: 이름을 지어 일컬어 부름. 또는 그 이름.

날릴 **양**

讚 揚

찬양: 아름다움과 훌륭함 등을 기리고 드러냄.

문해력 稱과 讚이 포함된 단어는 문장에서 어떻게 쓰일까요?

> 나는 글짓기 대회에서 상을 받아 부모님께 **稱讚**을 받았다.

> 그들은 노벨상 수상자에게 아낌없는 박수와 **讚辭**를 보냈다.

16 첨가

添加

더할 첨   더할 가

添加(첨가): 있는 것에 더하고 보탬.

| 획순 | 丶 丶 氵 氵 汀 沪 汗 沃 添 添 添 添 | 부수 氵 |

添	添	添	添	添

| 획순 | 乛 力 加 加 加 | 부수 力 |

加	加	加	加	加

어휘력 添과 加가 포함된 단어는 또 무엇이 있을까요?

붙을 **부**

添 附

첨부: 문서 등을 더하여 붙임.

눈 **설**　윗 **상**　서리 **상**

雪 上 加 霜

설상가상: 눈 위에 서리가 더해진다는 뜻으로 어려운 일이 겹쳐서 일어남을 비유적으로 이르는 말.

添 加

비단 **금**　윗 **상**　꽃 **화**

錦 上 添 花

금상첨화: 비단 위에 꽃을 더한다는 뜻으로 좋은 일에 좋은 일이 더해짐을 비유적으로 이르는 말.

장인 **공**

加 工

가공: 원재료에 인공적인 작용을 더해 만듦.

문해력 添과 加가 포함된 단어는 문장에서 어떻게 쓰일까요?

엄마는 요리를 할 때 화학조미료를 <u>添加</u>하시지 않는다.

최근에 많은 사람들이 조리하기 편한 <u>加工</u>식품을 사먹는다.

삭제

削 除

깎을 삭

덜 제

削除(삭제): 문서 등에서 내용을 없애거나 지워 버림.

획순 `丿丷 小 亠 疒 肖 肖 肖 削`　부수 刂

削　削　削　削　削

획순 `丿 了 阝 阝 阡 阺 阼 除 除 除`　부수 阝

除　除　除　除　除

어휘력 削과 除가 포함된 단어는 또 무엇이 있을까요?

덜 **감**

削 減

삭감: 깎아서 줄임.

갈 **거**

除 去

제거: 없애거나
사라지게 함.

削 除

더할 **첨**

添 削

첨삭: 글 등에서 내용의 일부를
더하거나 삭제하여 고침.

바깥 **외**

除 外

제외: 범위에서 따로 떼어
함께 헤아리지 않음.

문해력 削과 除가 포함된 단어는 문장에서 어떻게 쓰일까요?

나는 컴퓨터에서 필요 없는 파일들을 **削除**했다.

오늘 배운 내용은 시험 범위에서 **除外**된다.

免疫

免할 면　　　　　전염병 역

免疫(면역): 병원균에 대항하는 항체를 만들어 다음에는 같은 병에 걸리지 않도록 하는 작용. 또는 반복되는 자극에 무감각해지는 상태를 비유하는 말.

획순　ノ　ク　ク　ク　各　各　免　免　　부수　儿

免　免　免　免　免

획순　、　宀　广　广　疒　疒　疒　疫　疫　　부수　疒

疫　疫　疫　疫　疫

어휘력 免과 疫이 포함된 단어는 또 무엇이 있을까요?

덜 **제**

免 除

면제: 책임이나 의무를
면해 줌.

붉을 **홍**

紅 疫

홍역: 홍역 바이러스가 비말로 감염되어
일어나는 급성 전염병.

免 疫

허락할 **허**

免 許

면허: 국가 기관에서 특정한 일을 할 수 있는
자격을 인정하고 허가함. 또는 그런 자격증.

막을 **방**

防 疫

방역: 전염병의 발생이나
유행을 미리 막음.

문해력 免과 疫이 포함된 단어는 문장에서 어떻게 쓰일까요?

<u>免疫</u>력이 약해지면 감기에 걸리기 쉽다.

☆ 몸에 병균이 들어왔을 때 저항하는 힘을 **免疫力**이라고 합니다.

그는 장학생으로 입학하여 등록금을 <u>免除</u>받는다.

毛髮

터럭 **모**　　　　　　　터럭 **발**

毛髮(모발): 사람의 머리털. 또는 사람의 몸에 난 털을 모두 이르는 말.

획순　´ ⌐ ⧸ 毛　　　　　　　부수 毛

毛　毛　毛　毛　毛

획순　〡 𠃌 𠃌 𠃌 튼 튼 튼 튼 髟 髟 髟 髮 髮 髮 髮　부수 髟

髮　髮　髮　髮　髮

어휘력 毛와 髮이 포함된 단어는 또 무엇이 있을까요?

벗을 **탈**

脫 毛

탈모: 털이 빠짐. 또는
머리카락이 빠지는 증상.

다스릴 **리(이)**

理 髮

이발: 머리털을 깎고
다듬음.

毛 髮

가죽 **피**

毛 皮

모피: 털이 붙어있는
짐승의 가죽.

깎을 **삭**

削 髮

삭발: 머리털을 전부
깎음.

문해력 毛와 髮이 포함된 단어는 문장에서 어떻게 쓰일까요?

언니는 요즘 머리카락이 많이 빠지는 것 같다며 **脫毛** 방지 샴푸를 쓴다.

그는 군에 입대하기 전에 머리를 **削髮**했다.

短 縮

짧을 단 　　　　　　　　줄일 축

短縮(단축): 시간이나 거리 등이 줄어듦.

획순 `丿 𠂉 ㄏ 午 矢 矢 知 知 知 短 短 短`　부수 矢

短	短	短	短	短

획순 `丿 ㄣ 幺 幺 弁 糸 糸 紅 紵 紵 紵 紵 縮 縮 縮 縮`　부수 糸

縮	縮	縮	縮	縮

어휘력 短과 縮이 포함된 단어는 또 무엇이 있을까요?

책 **편**

短 篇

단편: 짤막하게 지은 글이나 길이가
짧은 소설. 또는 짤막한 영화.

작을 **소**

縮 小

축소: 줄여서 작게 함.

短 縮

터럭 **발**

短 髮

단발: 짧은 머리털.

맺을 **약**

縮 約

축약: 줄여서
간략하게 함.

문해력 短과 縮이 포함된 단어는 문장에서 어떻게 쓰일까요?

우리 집이 학교 근처로 이사를 가서 등교 시간이 **短縮**되었다.

여름이 되어 나는 머리를 **短髮**로 짧게 잘랐다.

한자 쓰기 연습				단어 쓰기 연습
頻		繁		
자주 빈		번성할 번	▶	빈번
崇		高		
높을 숭		높을 고	▶	숭고
降		伏		
내릴 강, 항복할 항		엎드릴 복	▶	항복
屈		折		
굽힐 굴		꺾을 절	▶	굴절
稱		讚		
일컬을 칭/ 저울 칭		기릴 찬	▶	칭찬

한자 쓰기 연습				단어 쓰기 연습
添 더할 첨		加 더할 가	▶	첨가
削 깎을 삭		除 덜 제	▶	삭제
免 면할 면		疫 전염병 역	▶	면역
毛 터럭 모		髮 터럭 발	▶	모발
短 짧을 단		縮 줄일 축	▶	단축

1 주어진 뜻과 음에 일치하는 한자를 찾아 알맞은 기호를 표시하세요.

번성할 번 ○

높을 숭 ☆

덜 제 □

전염병 역 ◇

터럭 발 △

除　　崇

降　　髮△

稱　　疫

伏　　繁

2 주어진 뜻과 한자를 연결하고 한자에 맞는 음을 쓰세요.

자주 •　　　　• 頻 ⇨

더하다 •　　　　• 削 ⇨

깎다 •　　　　• 添 ⇨

면하다 •　　　　• 縮 ⇨

줄이다 •　　　　• 免 ⇨

3 주어진 뜻과 어울리는 한자어에 O 표시하세요.

1) 횟수가 매우 잦음. 頻繁 / 降伏

2) 좋은 점이나 훌륭한 점을 높이 평가함. 또는 그런 말.

  免疫 / 稱讚

3) 시간이나 거리 등이 줄어듦. 短縮 / 削除

4 다음 글을 읽고 주어진 한자가 각각 몇 번 나왔는지 그 횟수를 쓰세요.

나는 공부를 열심히 하지만 시험 점수가 좋지 않다.

설상가상으로 저번에는 시험 범위의 절반 정도 밖에

공부하지 못했다. 그래서 이번에는 출제 빈도가 높은

문제를 우선으로 공부하였다.

공부 시간도 단축되고 시험도 잘 봐서 부모님께

칭찬을 받았다.

霜 ······ ◯
折 ······ ◯
頻 ······ ◯
縮 ······ ◯
稱 ······ ◯
讚 ······ ◯

마무리 퀴즈

〈보기〉의 12개 단어와 일치하는 한자어가 아래의 표에 숨어있어요.
번호 순서대로 표에서 한자어를 찾아 O 표시하세요.

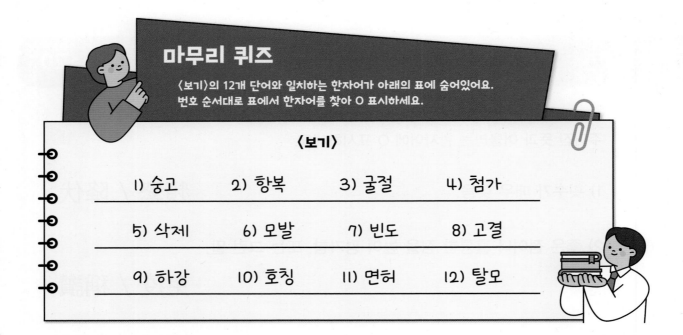

〈보기〉

1) 숭고	2) 항복	3) 굴절	4) 첨가
5) 삭제	6) 모발	7) 빈도	8) 고결
9) 하강	10) 호칭	11) 면허	12) 탈모

投	服	尙	拜	尙	辱
篇	減	崇	高	免	許
削	除	去	潔	頻	繁
短	縮	下	屈	折	度
脫	呼	稱	降	添	潛
約	毛	髮	伏	辭	加

이번 장에서 배울 내용입니다.
한자의 뜻과 음을 보고
단어의 의미를 유추해보세요.

映 畫
비칠 **영** 그림 **화**, 그을 **획**

抗 議
겨룰 **항** 의논할 **의**

暴 露
사나울 **폭**/ 찔 **폭**, 사나울 **포** 이슬 **로(노)**

納 付
들일 **납** 줄 **부**

衝 突
찌를 **충** 갑자기 **돌**

審 判
살필 **심** 판단할 **판**

縱 橫
세로 **종** 가로 **횡**
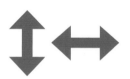

通 譯
통할 **통** 번역할 **역**

武 器
호반 **무** 그릇 **기**

敵 軍
대적할 **적** 군사 **군**

映畵

비칠 영　　　　　　　그림 화, 그을 획

映畵(영화): 어떤 의미나 내용을 가지고 움직이는 대상을 촬영하여
영상으로 보여주는 예술 장르.

획순 ｜ 冂 冂 日 日 旫 旫 旫 映 映　**부수** 日

映	映	映	映	映

획순 乛 丁 ヨ ヨ 聿 聿 書 書 畫 畫 畫 畫　**부수** 田

畫	畫	畫	畫	畫

어휘력 映과 畵가 포함된 단어는 또 무엇이 있을까요?

윗 **상**

上 映

상영: 극장 등에서 영화나 영상 등을 영사(映寫)하여 보여주는 일.

닮을 **초**/같을 **초**　모양 **상**

肖 像 畵

초상화: 사람의 얼굴을 그린 그림.

映 畵

움직일 **동**　　　　모양 **상**

動 映 像

동영상: 움직이는 영상.

스스로 **자**　　　스스로 **자**　기릴 **찬**

自 畵 自 讚

자화자찬: 자기가 그린 그림을 스스로 칭찬한다는 뜻으로 자기가 한 일을 스스로 자랑하는 것을 이르는 말.

문해력 映과 畵가 포함된 단어는 문장에서 어떻게 쓰일까요?

그 **映畵**는 아직 개봉하지 않아서 **映畵**관에서 **上映**하지 않는다.

그는 자신이 쓴 글이 훌륭하다고 **自畵自讚**했다.

審判

살필 심   **판단할 판**

審判(심판): 어떤 일이나 사람에 대해 잘함과 잘못함을 가려서 결정함. 또는 운동 경기 등에서 규칙에 맞는지 여부나 승부를 판정하는 일 또는 그런 일을 하는 사람.

획순	ﾞ ﾞ ﾞ 宀 宀 宀 空 空 宷 宷 寀 寀 審 審	부수	宀

審	審	審	審	審

획순	ﾞ ﾞ ﾞ 宀 半 半 判 判	부수	刂

判	判	判	判	判

어휘력 審과 判이 포함된 단어는 또 무엇이 있을까요?

조사할 **사**

審 查

심사: 자세하게 조사하여 등급이나
합격 여부 등을 결정함.

마을 **재**

裁 判

재판: 옳고 그름을
판단함.

審 判

물을 **문**

審 問

심문: 조사를 위해 자세히
따져서 물음.

결단할 **결**

判 決

판결: 옳고 그름 등을
판단하여 결정함.

문해력 審과 判이 포함된 단어는 문장에서 어떻게 쓰일까요?

審判은 반칙을 한 선수에게 경고를 주었다.

판사는 법에 따라 공정하게 **判決**해야 한다.

抗 議

겨룰 항 　　　　　　의논할 의

抗議(항의): 어떤 일에 대해 반대의 뜻을 주장함.

획순 一 扌 才 扩 扩 扩 抗 　　　부수 扌

抗　抗　抗　抗　抗

획순 ` 二 ㇒ 言 言 言 訁 訁 訁 訝 訝 謙 謙 議 議 議　부수 言

議　議　議　議　議

어휘력 抗과 議가 포함된 단어는 또 무엇이 있을까요?

대할 **대**

對 抗

대항: 굽히지 않고 맞서
버티어 겨룸.

다를 **이(리)**

異 議

이의: 다른 의견.

抗 議

막을 **저**

抵 抗

저항: 어떤 힘에 굴복하지 않고
거역하거나 버팀. 또는 물체의 운동
방향과 반대로 작용하는 힘.

살필 **심**

審 議

심의: 어떤 일에 대해
자세히 조사하고 논의함.

문해력 抗과 議가 포함된 단어는 문장에서 어떻게 쓰일까요?

선수들이 심판의 판정에 **抗議**했다.

그는 회의 시간에 다른 학생의 의견에 **異議**를 제기했다.

縱 橫

↕ 세로 종　　　　　가로 횡

縱橫(종횡): 세로와 가로.

획순  ` 丨 乡 幺 糸 糸 糸 糹 絆 紲 紲 紲 絲 絲 絲 絲 縱 縱` **부수** 糸

縱	縱	縱	縱	縱

획순 `一 十 才 木 杧 杧 栲 栲 桔 桔 桔 橫 橫 橫 橫` **부수** 木

橫	橫	橫	橫	橫

어휘력 縱과 橫이 포함된 단어는 또 무엇이 있을까요?

잡을 **조**

操 縱

조종: 기계 등을 다루어 부림. 또는 다른 사람을 자신의 뜻대로 다루어 부림.

끊을 **단**

橫 斷

횡단: 도로 등을 가로지름.

縱 橫

놓을 **방**

放 縱

방종: 자기 마음대로 함부로 행동하여 거리낌이 없음.

없을 **무**   다할 **진**

縱 橫 無 盡

종횡무진: 행동 등이 자유자재로 거침없음.

문해력 縱과 橫이 포함된 단어는 문장에서 어떻게 쓰일까요?

나는 친구에게 드론을 <u>操縱</u>하는 법을 배웠다.

<u>橫斷</u>보도를 건널 때는 차가 오지 않는지 주위를 잘 살피고 건너야 한다.

暴 露

사나울 폭/쬘 폭, 사나울 포　　　　이슬 로(노)

暴露(폭로): 알려지지 않거나 감춰진 사실 등을 드러냄.

획순 丨 冂 冂 日 旦 旦 早 昃 昃 昃 暴 暴 暴 暴 暴　**부수** 日

暴	暴	暴	暴	暴

획순 一 冖 冖 㞢 雨 雨 雪 雫 雫 雫 霄 霄 雫 霞 霞 霞 霞 露 露　**부수** 雨

露	露	露	露	露

어휘력 暴과 露가 포함된 단어는 또 무엇이 있을까요?

불꽃 **염**

暴 炎

폭염: 매우 더움.

날 **출**

露 出

노출: 겉으로 드러남.

暴 露

가로 **횡**

橫 暴

횡포: 함부로 행동하며
난폭함.

토할 **토**

吐 露

토로: 마음 속의 생각
등을 모두 드러내어 말함.

* 暴는 '사나울 포'로 쓰였습니다.

문해력 暴과 露가 포함된 단어는 문장에서 어떻게 쓰일까요?

暴炎으로 인해 바닷가로 피서를 가는 사람들이 많다.

그는 친구에게 불만을 **吐露**하였다.

通 譯

통할 통　　　　　번역할 역

通譯(통역): 다른 언어를 사용하는 사람들 사이에서 뜻을 알 수 있도록 말을 옮겨 줌.

획순　ㄱ マ ㄱ 乃 乃 甬 甬 涌 涌 通 通　　부수 辶

通	通	通	通	通

획순　丶 亠 亠 言 言 言 訳 評 評 譯 譯 譯 譯 譯 譯 譯 譯　　부수 言

譯	譯	譯	譯	譯

어휘력 通과 譯이 포함된 단어는 또 무엇이 있을까요?

소통할 **소**

疏 通

소통: 막힘없이 통함. 또는 의견이나
뜻이 서로 통해 오해가 없음.

번역할 **번**/날 **번**

翻 譯

번역: 어떤 언어의 글을
다른 언어의 글로 옮김.

通 譯

일 만 **만**   일 **사**   형통할 **형**

萬 事 亨 通

만사형통: 모든 일이 뜻대로 잘됨.

안 **내**

內 譯

내역: 금액이나 물품 등의
세부 내용.

문해력 通과 譯이 포함된 단어는 문장에서 어떻게 쓰일까요?

> 그는 영어를 잘하여 외국인과 어려움 없이 <u>疏通</u>한다.

> 언니는 영어 원서를 우리말로 <u>翻譯</u>하는 일을 한다.

납부

納 付

들일 납 　　　　　줄 부

納付(납부): 세금이나 공과금을 국가 기관 등에 냄.

획순 ⟮ ⟮ ⟮ ⟮ ⟮ 糸 糸 紀 納 納　　**부수** 糸

納	納	納	納	納

획순 ノ イ イ 仁 付 付　　**부수** イ

付	付	付	付	付

어휘력 納과 付가 포함된 단어는 또 무엇이 있을까요?

얻을 **득**

納 得

납득: 다른 사람의 말이나 행동 등을 잘 이해하고 긍정함.

부탁할 **탁**

付 託

부탁: 어떤 일을 해줄 것을 청하거나 해달라고 맡김.

納 付

돌이킬 **반**

返 納

반납: 다시 돌려줌.

마땅 **당**

當 付

당부: 말로 단단히 부탁함.

문해력 納과 付가 포함된 단어는 문장에서 어떻게 쓰일까요?

나는 도서관에 빌려간 책을 <u>返納</u>했다.

친구가 나에게 교과서를 빌려달라고 <u>付託</u>했다.

武 器

호반 무

그릇 기

武器(무기): 전쟁 등에 쓰이는 기구.

획순	﹁ 二 十 十 士 굒 武 武			부수 止
武	武	武	武	武

획순	∣ 口 口 미 吅 吅 吅 哭 哭 哭 哭 哭 器 器 器			부수 口
器	器	器	器	器

어휘력 武와 器가 포함된 단어는 또 무엇이 있을까요?

꾸밀 장

武 裝

무장: 전투에 필요한 무기나 장비 등을
갖춤. 또는 그 장비.

노래 **악**, 즐길 락(낙), 좋아할 요

樂 器

악기: 음악을 연주하는 데 사용하는
기구를 모두 이르는 말.

武 器

힘 력(역)

武 力

무력: 군사적인 힘. 또는 육체를
사용하여 마구 밀어붙이는 힘.

갖출 구

器 具

기구: 집안 살림이나 조작이 간단한
도구, 기계 등을 모두 이르는 말.

문해력 武와 器가 포함된 단어는 문장에서 어떻게 쓰일까요?

공항에 폭발물이 있다는 신고가 접수되어 <u>武裝</u>한 경찰들이 출동하였다.

우리 학교 체육관에는 여러 가지 운동 <u>器具</u>가 있다.

衝 突

찌를 충 　　　　갑자기 돌

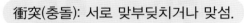

衝突(충돌): 서로 맞부딪치거나 맞섬.

| 획순 | ＇ ＇ 彳 彳 彳 彳 衍 衍 徆 徆 衕 衝 衝 衝 衝 | 부수 | 行 |

衝　衝　衝　衝　衝

| 획순 | ＇ ＇ ハ 宀 宀 宀 空 空 空 突 突 | 부수 | 穴 |

突　突　突　突　突

어휘력 衝과 突이 포함된 단어는 또 무엇이 있을까요?

칠 **격**

衝 擊

충격: 물체에 급격하게 가해지는 힘. 또는 어떤 일 등으로 마음에 받은 심한 자극.

그럴 **연**/불탈 **연**

突 然

돌연: 예기치 않게 갑자기.

衝 突

움직일 **동**

衝 動

충동: 순간적으로 어떤 행동을 하고 싶게 하는 마음속의 자극. 또는 어떤 일을 하도록 다른 사람을 부추김.

깨뜨릴 **파**

突 破

돌파: 깨뜨려 뚫고 나아가거나 어려움 등을 이겨 냄. 또는 어떤 기준이나 기록 등을 넘어섬.

문해력 衝과 突이 포함된 단어는 문장에서 어떻게 쓰일까요?

차량 __衝突__ 사고로 인해 많은 사람들이 다쳤다.

자전거는 차와 부딪힐 때의 __衝擊__으로 망가졌다.

敵 軍

대적할 적　　　　　　군사 군

敵軍(적군): 적의 군대나 군사.

| 획순 | ` 亠 宀 宀 产 产 产 产 产 商 商 商 商` 啇 敵 敵 敵 | 부수 | 攵 |

敵	敵	敵	敵	敵

| 획순 | ` 冖 冖 写 写 冒 冒 冒 軍` | 부수 | 車 |

軍	軍	軍	軍	軍

어휘력 敵과 軍이 포함된 단어는 또 무엇이 있을까요?

없을 무

無 敵

무적: 매우 강하여 승부를 겨룰 만한 상대가 없음.

무리 대

軍 隊

군대: 일정한 규율과 질서가 있는 군사 조직에 속한 사람들의 집단.

敵 軍

손 수

敵 手

적수: 능력이나 힘 등이 비슷하여 상대할 수 있는 사람.

장수 장/장차 장

將 軍

장군: 군을 지휘하고 통솔하는 군의 우두머리.

문해력 敵과 軍이 포함된 단어는 문장에서 어떻게 쓰일까요?

敵軍은 상황이 불리해지자 철수했다.

그의 축구 실력은 매우 뛰어나서 敵手가 없었다.

한자 쓰기 연습				단어 쓰기 연습
映		畫		
비칠 영		그림 화, 그을 획	▶	영화
審		判		
살필 심		판단할 판	▶	심판
抗		議		
겨룰 항		의논할 의	▶	항의
縱		橫		
세로 종		가로 횡	▶	종횡
暴		露		
사나울 폭/ 쬘 폭, 사나울 포		이슬 로(노)	▶	폭로

한자 쓰기 연습					단어 쓰기 연습
通 통할 통		譯 번역할 역		▶	통역
納 들일 납		付 줄 부		▶	납부
武 호반 무		器 그릇 기		▶	무기
衝 찌를 충		突 갑자기 돌		▶	충돌
敵 대적할 적		軍 군사 군		▶	적군

1 주어진 뜻과 음에 일치하는 한자를 찾아 알맞은 기호를 표시하세요.

비칠 영 ○

살필 심 ☆

가로 횡 □

사나울 폭 ◇

대적할 적 △

肖　　審

暴　　橫

納　　映

敵　　露

2 주어진 뜻과 한자를 연결하고 한자에 맞는 음을 쓰세요.

판단하다 ·　　·器 ⇨

의논하다 ·　　·議 ⇨

세로 ·　　·譯 ⇨

번역하다 ·　　·縱 ⇨

그릇 ·　　·判 ⇨

3 주어진 뜻과 어울리는 한자어에 O 표시하세요.

1) 다른 의견.　　　　　　　　　　異議 / 審判

2) 도로 등을 가로지름.　　　　　横斷 / 對抗

3) 매우 더움.　　　　　　　　　　付託 / 暴炎

4 다음 글을 읽고 주어진 한자가 각각 몇 번 나왔는지 그 횟수를 쓰세요.

나는 친구와 영화를 보러 영화관에 갔다.

영화관에서는 전쟁 영화를 상영 중이었다.

영화는 전설적인 장군에 대한 이야기였다.

장군은 거의 무적이어서 적수가 없었고 적군을 물리

쳐 나라의 영웅이 되었다.

映 …… ◯
畫 …… ◯
將 …… ◯
軍 …… ◯
敵 …… ◯
手 …… ◯

마무리 퀴즈

〈보기〉의 12개 단어와 일치하는 한자어가 아래의 표에 숨어있어요.
번호 순서대로 표에서 한자어를 찾아 O 표시하세요.

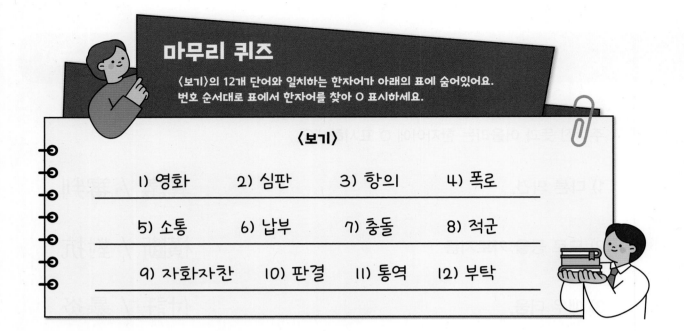

〈보기〉

1) 영화	2) 심판	3) 항의	4) 폭로
5) 소통	6) 납부	7) 충돌	8) 적군
9) 자화자찬	10) 판결	11) 통역	12) 부탁

敵	查	自	映	像	操
放	軍	疏	畫	肖	縱
裁	審	通	譯	自	異
納	判	決	抗	議	讚
付	横	斷	炎	吐	遠
忽	託	暴	露	衝	突

31~40

이번 장에서 배울 내용입니다.
한자의 뜻과 음을 보고
단어의 의미를 유추해보세요.

勸 獎
권할 권   장려할 장

汚 染
더러울 오   물들 염

憤 怒
분할 분   성낼 노(로)

偏 向
치우칠 편   향할 향

換 乘
바꿀 환   탈 승

宣 布
베풀 선   베 포/펼 포

陷 沒
빠질 함   빠질 몰

弊 端
폐단 폐/
해질 폐   끝 단

廢 棄
폐할 폐/
버릴 폐   버릴 기

稀 薄
드물 희   엷을 박

권장

勸 獎

권할 권   장려할 장

勸獎(권장): 권하여 장려함.

획순 一 十 艹 艹 艹 艹 艹 茜 茜 苸 菫 菫 蓳 蓳 雚 雚 勸 勸   부수 力

勸	勸	勸	勸	勸

획순 丨 丬 丬 爿 爿 戕 戕 斨 斨 將 將 將 獎 獎   부수 大

獎	獎	獎	獎	獎

어휘력 勸과 奬이 포함된 단어는 또 무엇이 있을까요?

꾈 유
勸 誘

권유: 다른 사람에게 어떤 일 등을 하도록 권함.

힘쓸 려(여)
奬 勵

장려: 좋은 일에 힘쓰도록 북돋아 줌.

勸 奬

고할 고
勸 告

권고: 어떤 일을 하도록 권함. 또는 권하는 말.

배울 학   쇠 금
奬 學 金

장학금: 성적이 우수하거나 경제적으로 어려운 사람에게 공부나 학문을 장려하여 보조해주는 돈.

문해력 勸과 奬이 포함된 단어는 문장에서 어떻게 쓰일까요?

그는 음악 선생님의 <u>勸誘</u>로 피아노 콩쿠르에 참가했다.

나는 열심히 공부하여 학업이 우수한 학생에게 주는 <u>奬學金</u>을 받았다.

宣 布

베풀 선   베 포/펼 포

宣布(선포): 세상에 널리 알림.

획순 `丶 丷 宀 宀 宀 宕 官 官 宣`   **부수** 宀

宣	宣	宣	宣	宣

획순 `丿 ナ ナ 才 右 布`   **부수** 巾

布	布	布	布	布

어휘력 宣과 布가 포함된 단어는 또 무엇이 있을까요?

전할 **전**

宣 傳

선전: 주장이나 사물의 가치 등을 사람들에게 널리 전하고 알림.

나눌 **분**

分 布

분포: 흩어져 퍼져 있음.

宣 布

말씀 **언**

宣 言

선언: 널리 펴서 말함. 국가나 단체가 방침이나 의견 등을 외부에 정식으로 분명하게 드러내 알림. 또는 회의나 경기 등에서 시작, 종료 등을 공개적으로 알림.

나눌 **배**/짝 **배**

配 布

배포: 인쇄물 등을 널리 나누어 줌.

문해력 宣과 布가 포함된 단어는 문장에서 어떻게 쓰일까요?

회사는 이번에 새로 출시한 휴대폰을 텔레비전 광고를 통해 **宣傳**하기로 했다.

새로 개업한 가게에서 가게 홍보 전단지를 **配布**했다.

33 오염

汚染

더러울 오   물들 염

汚染(오염): 더러워지거나 해로운 물질에 물듦.

획순 丶 丶 氵 氵 氵 汚   **부수** 氵

汚	汚	汚	汚	汚

획순 丶 丶 氵 氵 氿 氿 染 染 染   **부수** 木

染	染	染	染	染

어휘력 汚와 染이 포함된 단어는 또 무엇이 있을까요?

점 **點**

汚 點

오점: 더러운 점. 또는 명예롭지 않은 흠이나 결점.

전할 **전**

傳 染

전염: 병이 다른 사람에게 옮음. 또는 어떤 기분이나 분위기 등에 영향을 받아 물이 듦.

汚 染

물건 **물**

汚 物

오물: 지저분하고 더러운 물건. 주로 쓰레기나 배설물 등을 말함.

느낄 **감**/한할 **감**

感 染

감염: 병원균 등이 동식물의 몸 안에 들어가 증식하는 일. 또는 컴퓨터 바이러스가 하드 디스크나 파일 등에 침투하는 것.

문해력 汚와 染이 포함된 단어는 문장에서 어떻게 쓰일까요?

공장에서 배출되는 유해 물질로 인해 대기가 **汚染**되었다.

컴퓨터가 바이러스에 **感染**되어 제대로 작동하지 않는다.

陷 沒

빠질 함

빠질 몰

陷沒(함몰): 물이나 땅 속에 빠짐. 또는 어떤 것이 꺼져서 내려앉음.

획순 ` ⁊ ⻖ ⻖ 阶 阶 阶 陷 陷 陷 陷　　**부수** ⻖

陷	陷	陷	陷	陷

획순 ` ⁚ ⁚ 氵 氵 沪 汐 沒　　**부수** 氵

沒	沒	沒	沒	沒

어휘력 陷과 沒이 포함된 단어는 또 무엇이 있을까요?

떨어질 **락(낙)**

陷 落

함락: 땅이 꺼져 내려앉음. 또는 성이나 요새 등을 공격해 무너뜨리거나 점령함.

묻을 **매**

埋 沒

매몰: 보이지 않게 파묻거나 파묻힘.

陷 沒

함정 **정**

陷 穽

함정: 짐승 등을 잡기 위해 파놓은 구덩이. 또는 다른 사람을 해치기 위한 계략을 비유적으로 이르는 말.

떨어질 **락(낙)**

沒 落

몰락: 재물이나 세력 등이 쇠하여 보잘것없게 됨. 또는 멸망하여 없어짐.

문해력 陷과 沒이 포함된 단어는 문장에서 어떻게 쓰일까요?

우리는 토끼를 잡으려고 <u>陷穽</u>을 파놓고 기다렸다.

탄광의 갱도가 무너지면서 광부들이 <u>埋沒</u>되는 사고가 발생했다.

분노

憤 怒

분할 분 　　　　　성낼 노(로)

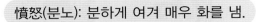

憤怒(분노): 분하게 여겨 매우 화를 냄.

획순 　 丶　丶　忄　忄　忄　忄　忄　忄　忄　愔　愔　愔　愔　憤　憤 　 부수 忄

憤	憤	憤	憤	憤

획순 　 乀　夂　女　奴　奴　奴　怒　怒　怒 　 부수 心

怒	怒	怒	怒	怒

96

어휘력　憤과 怒가 포함된 단어는 또 무엇이 있을까요?

격할 **격**

激 憤

격분: 매우 분하여 감정이 북받침.

격할 **격**

激 怒

격노: 매우 화를 냄.

憤 怒

슬퍼할 **개**

憤 慨

분개: 매우 분하게 여김.

기쁠 **희**　　　슬플 **애**　즐길 **락(낙)**

喜 怒 哀 樂

희로애락: 기쁨과 노여움과 슬픔과 즐거움을 모두 이르는 말.

문해력　憤과 怒가 포함된 단어는 문장에서 어떻게 쓰일까요?

그는 친구에게 속은 것을 알고 매우 **憤慨**했다.

이 작품은 인간의 **喜怒哀樂**과 같은 다양한 감정들을 잘 표현하고 있다.

36 폐단

弊 端

폐단 폐/해질 폐　　　　　끝 단

弊端(폐단): 어떤 일이나 행동 등에서 나타나는 안좋은 경향이나 현상.

획순 ノ ゛ ゛ ゛ 冇 冇 冇 冄 敝 敝 敝 弊 弊　**부수** 廾

弊　弊　弊　弊　弊

획순 ゛ ゛ ゛ ゛ 立 立 圹 圹 圹 圹 端 端 端 端　**부수** 立

端　端　端　端　端

98

어휘력 弊와 端이 포함된 단어는 또 무엇이 있을까요?

해할 **해**

弊 害

폐해: 폐단으로 인한 해로움.

뾰족할 **첨**

尖 端

첨단: 기술이나 유행 등의 가장 앞.

弊 端

백성 **민**

民 弊

민폐: 일반 사람들에게 끼치는 폐해.

극진할 **극**/다할 **극**

極 端

극단: 맨 끝. 또는 어떤 일이 끝까지 나아가서 더이상 나아갈 곳이 없는 상태.

문해력 弊와 端이 포함된 단어는 문장에서 어떻게 쓰일까요?

밤 늦게 피아노를 치는 것은 이웃에게 **民弊**가 되는 행동이다.

최근 기업들이 **尖端** 기술 개발에 많은 투자를 하고 있다.

37 편향

偏 向

치우칠 **편**　　　　향할 **향**

偏向(편향): 한 쪽으로 치우침.

획순 ノ イ イ イ 疒 疒 疒 偏 偏 偏 偏　　**부수** イ

偏　偏　偏　偏　偏

획순 ノ イ 冂 向 向 向　　**부수** 口

向　向　向　向　向

어휘력 偏과 向이 포함된 단어는 또 무엇이 있을까요?

볼 견
偏 見

편견: 한 쪽으로 치우친 생각.

뜻 지
志 向

지향: 어떤 목표로 뜻이 향함. 또는 그 방향으로 향하려는 의지.

偏 向

자못 파, 치우칠 파
偏 頗

편파: 한 쪽으로 치우쳐 공정하지 못함.

기울 경
傾 向

경향: 사상이나 행동 등이 어떤 방향으로 기울어짐.

문해력 偏과 向이 포함된 단어는 문장에서 어떻게 쓰일까요?

심판의 _偏頗_ 판정에 선수들이 항의하였다.

그는 평화를 _志向_하는 평화주의자이다.

38 폐기

廢棄

폐할 폐/버릴 폐　　　　　버릴 기

廢棄(폐기): 어떤 것이 못 쓰게 되어 버림. 또는 법령이나 조항 등을 무효로 함.

획순 ` 亠 广 广 广 庐 庐 庐 庐 庐 庞 庞 廃 廃 廃 廃　**부수** 广

廢　廢　廢　廢　廢

획순 ` 亠 亠 夲 夯 夯 存 夲 夲 夲 査 棄 棄　**부수** 木

棄　棄　棄　棄　棄

102

어휘력 廢와 棄가 포함된 단어는 또 무엇이 있을까요?

그칠 **지**

廢 止

폐지: 실시하던 제도 등을 없앰.

저울추 **권**/권세 **권**

棄 權

기권: 투표나 경기 등에 참여할 수 있는 권리를 버리고 행사하지 않음.

廢 棄

거칠 **황**

荒 廢

황폐: 토지 등이 거칠어져 못 쓰게 됨. 또는 생활이나 정신 등이 메마름.

던질 **투**

投 棄

투기: 아무렇게나 던져 버림.

문해력 廢와 棄가 포함된 단어는 문장에서 어떻게 쓰일까요?

인근 지역 주민들이 <u>廢棄</u>물 처리 시설 유치에 반대하는 시위를 한다.

☆ 못 쓰게 되어 버리는 물건을 폐기물(廢棄物)이라고 합니다.

그 지역은 가뭄으로 인해 토지가 <u>荒廢</u>해졌다.

換乘

바꿀 환　　　　　　　탈 승

換乘(환승): 다른 교통수단 등으로 바꿔 탐.

획순 一 扌 扌 扩 扩 扩 护 拘 換 換 換　**부수** 扌

換	換	換	換	換

획순 一 二 千 千 千 乖 乖 乖 乘 乘　**부수** ノ

乘	乘	乘	乘	乘

어휘력 換과 乘이 포함된 단어는 또 무엇이 있을까요?

사귈 교
交 換
교환: 서로 바꾸거나 주고받음.

손 객
乘 客
승객: 교통수단을 타는 손님.

換 乘

돈 전
換 錢
환전: 다른 종류의 화폐나 지금(地金)을 서로 바꿈.

힘쓸 무 인원 원
乘 務 員
승무원: 교통수단 등을 타고 운행과 승객에 관한 업무를 맡아 하는 사람.

문해력 換과 乘이 포함된 단어는 문장에서 어떻게 쓰일까요?

나는 버스를 타고 지하철역에서 내려 지하철로 **換乘**하여 학교에 간다.

나는 해외 여행을 가기 전에 은행에서 여행 경비의 일부를 달러로 **換錢**하였다.

稀 薄

드물 희

엷을 박

稀薄(희박): 기체 등의 농도가 낮고 엷음. 또는 가능성 등이 매우 낮음.

| 획순 | ´ ㄴ 千 禾 禾 禾 秆 秆 稀 稀 稀 稀 | 부수 | 禾 |

稀	稀	稀	稀	稀

| 획순 | 一 十 艹 艹 艹 莎 莎 蓮 薄 薄 薄 薄 薄 | 부수 | 艹 |

薄	薄	薄	薄	薄

어휘력 稀와 薄이 포함된 단어는 또 무엇이 있을까요?

적을 소/젊을 소

稀 少

희소: 아주 드물고 적음.

가벼울 경

輕 薄

경박: 말과 행동이 가볍고 신중하지 못함.

稀 薄

귀할 귀

稀 貴

희귀: 드물어서 아주 귀함.

새길 각

刻 薄

각박: 인정이 없고 메마름.

문해력 稀와 薄이 포함된 단어는 문장에서 어떻게 쓰일까요?

언니는 환경 보호 단체에서 멸종 위기에 처한 **稀貴** 동물을 보호하는 일을 한다.

경기가 어려워지면서 인심이 **刻薄**해졌다.

한자 쓰기 연습				단어 쓰기 연습
勸		獎		▶
권할 권		장려할 장		권장
宣		布		▶
베풀 선		베 포/펼 포		선포
汚		染		▶
더러울 오		물들 염		오염
陷		沒		▶
빠질 함		빠질 몰		함몰
憤		怒		▶
분할 분		성낼 노(로)		분노

한자 쓰기 연습				단어 쓰기 연습
弊 폐단 폐/ 해질 폐		端 끝 단	▶	폐단
偏 치우칠 편		向 향할 향	▶	편향
廢 폐할 폐/ 버릴 폐		棄 버릴 기	▶	폐기
換 바꿀 환		乘 탈 승	▶	환승
稀 드물 희		薄 엷을 박	▶	희박

1 주어진 뜻과 음에 일치하는 한자를 찾아 알맞은 기호를 표시하세요.

장려할 장 ◯	
더러울 오 ☆	
폐할 폐/버릴 폐 ☐	
바꿀 환 ◇	
드물 희 △	

廢　　弊
換　汚
獎　陷
稀　薄

2 주어진 뜻과 한자를 연결하고 한자에 맞는 음을 쓰세요.

권하다 •　　•勸 ⇨

베풀다 •　　•棄 ⇨

물들다 •　　•染 ⇨

버리다 •　　•宣 ⇨

타다 •　　•乘 ⇨

3 주어진 뜻과 어울리는 한자어에 O 표시하세요.

1) 더러워지거나 해로운 물질에 물듦.

汚染 / 宣布

2) 다른 교통수단 등으로 바꿔 탐.

換乘 / 弊端

3) 기체 등의 농도가 낮고 엷음. 또는 가능성 등이 매우 낮음.

陷落 / 稀薄

4 다음 글을 읽고 주어진 한자가 각각 몇 번 나왔는지 그 횟수를 쓰세요.

오늘 수업 시간에 환경 오염 문제에 대해 이야기했다.

환경 오염의 폐해로 인해 멸종 위기 동물이 증가하고

있다고 한다.

학교에서는 학생들에게 급식 시간에 먹다 버리는

음식 폐기물을 줄일 것을 권장하였다.

우리는 쓰레기를 무단으로 투기하지 않기로 했다.

汚 ……

弊 ……

廢 ……

棄 ……

勸 ……

投 ……

마무리 퀴즈

〈보기〉의 12개 단어와 일치하는 한자어가 아래의 표에 숨어있어요.
번호 순서대로 표에서 한자어를 찾아 O 표시하세요.

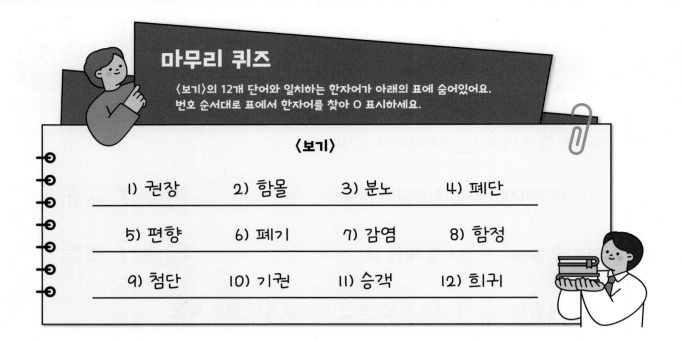

〈보기〉

1) 권장	2) 함몰	3) 분노	4) 폐단
5) 편향	6) 폐기	7) 감염	8) 함정
9) 첨단	10) 기권	11) 승객	12) 희귀

勵	埋	廢	配	宣	布
勸	誘	棄	權	感	傳
告	獎	偏	向	憤	染
汚	弊	尖	陷	落	怒
乘	染	端	沒	穽	極
換	客	輕	薄	稀	貴

41~50

이번 장에서 배울 내용입니다.
한자의 뜻과 음을 보고
단어의 의미를 유추해보세요.

讓 사양할 양 **步** 걸음 보

拒 막을 거 **絶** 끊을 절

親 친할 친 **熟** 익을 숙

遲 더딜 지/늦을 지 **刻** 새길 각
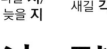

沈 잠길 침 **默** 잠잠할 묵

侵 침노할 침 **犯** 범할 범

疾 병 질 **患** 근심 환

勤 부지런할 근 **勉** 힘쓸 면

延 늘일 연 **滯** 막힐 체

盜 도둑 도 **賊** 도둑 적

讓 步

사양할 양   걸음 보

讓步(양보): 어떤 것을 사양하고 다른 사람에게 줌. 또는 상대방의 입장을 헤아려
자신의 의견을 굽히고 상대방의 의견을 따름.

| 획순 | ＼ ＼ ＼ ＼ ＼ 言 言 言 言 言 言 言 言 言 言 言 言 言 言 讓 讓 讓 讓 讓 讓 | 부수 | 言 |

讓	讓	讓	讓	讓

| 획순 | ＼ ＼ ＼ 止 止 步 步 步 | 부수 | 止 |

步	步	步	步	步

어휘력 讓과 步가 포함된 단어는 또 무엇이 있을까요?

말씀 **사**

辭 讓

사양: 겸손하여 받지 않거나 다른 사람에게 양보함.

나아갈 **진**

進 步

진보: 수준이나 정도가 점차 나아짐.

讓 步

건널 **도**

讓 渡

양도: 재산이나 물건 또는 권리 등을 다른 사람에게 넘겨줌.

무리 **도**

徒 步

도보: 탈것을 타지 않고 걸어감.

문해력 讓과 步가 포함된 단어는 문장에서 어떻게 쓰일까요?

나는 몸이 불편하신 할머니께 자리를 <u>讓步</u>했다.

나는 학교가 집에서 가까워 <u>徒步</u>로 학교에 간다.

침범

侵 犯

침노할 **침**   범할 **범**

侵犯(침범): 남의 영토나 권리 등을 함부로 쳐들어가 해를 끼침.

획순 ノ イ イ 仁 仵 侲 侵 侵 侵   **부수** イ

侵	侵	侵	侵	侵

획순 ノ 犭 犭 犭 犯   **부수** 犭

犯	犯	犯	犯	犯

어휘력 侵과 犯이 포함된 단어는 또 무엇이 있을까요?

간략할 **략(약)**/다스릴 **략(약)**

侵 略

침략: 남의 나라에
쳐들어가 영토를 빼앗음.

허물 **죄**

犯 罪

범죄: 법 규범을 어기고
저지른 죄.

侵 犯

해할 **해**

侵 害

침해: 다른 사람의 권리
등을 침범하여 해를 끼침.

사람 **인**

犯 人

범인: 죄를 저지른 사람.

문해력 侵과 犯이 포함된 단어는 문장에서 어떻게 쓰일까요?

일본은 과거에 여러 차례 우리나라를 **侵略**했다.

경찰의 추적을 피해 달아나던 **犯人**이 결국 붙잡혔다.

拒 絶

막을 거 　　　　　 끊을 절

拒絶(거절): 상대의 요구나 제안 등을 받아들이지 않고 물리침.

| 획순 | 一 十 扌 扌 扩 扞 拒 拒 | 부수 | 扌 |

| 拒 | 拒 | 拒 | 拒 | 拒 |

| 획순 | 乡 幺 幺 幺 糸 糸 糸ˊ 糸勹 糸々 絡 絶 | 부수 | 糸 |

| 絶 | 絶 | 絶 | 絶 | 絶 |

어휘력 拒와 絶이 포함된 단어는 또 무엇이 있을까요?

아닐 **부**

拒 否

거부: 요구나 제안 등을 받아들이지 않고 물리침.

끝을 **단**

斷 絶

단절: 관계나 교류를 끊음.

拒 絶

겨룰 **항**

抗 拒

항거: 따르지 않고 맞서 반항함.

바랄 **망**

絶 望

절망: 희망이 없어 기대를 버리고 포기함.

문해력 拒와 絶이 포함된 단어는 문장에서 어떻게 쓰일까요?

그는 아무리 친한 친구라도 금전적인 부탁은 <u>拒絶</u>한다.

세대 간 소통의 <u>斷絶</u>은 세대 간의 갈등을 심화시킨다.

疾 患

병 질　　　　　근심 환

疾患(질환): 몸에 생기는 병.

획순 `、 一 广 广 疒 疒 疒 疒 疾 疾`　**부수** 疒

疾	疾	疾	疾	疾

획순 `、 冖 口 口 吕 吕 吕 串 串 患 患 患`　**부수** 心

患	患	患	患	患

어휘력 疾과 患이 포함된 단어는 또 무엇이 있을까요?

병 **병**
疾 病
질병: 몸에 생기는 병.

놈 **자**
患 者
환자: 다치거나 병에 걸려 치료가 필요한 사람.

疾 患

달릴 **주**
疾 走
질주: 빨리 달림.

병 **병**
病 患
병환: 병(病)을 높여 이르는 말.

문해력 疾과 患이 포함된 단어는 문장에서 어떻게 쓰일까요?

미세 먼지로 인해 호흡기 **疾患**을 앓는 사람들이 증가하고 있다.

할아버지의 **病患**이 많이 좋아져서 우리 가족은 모두 기뻐했다.

親 熟

친할 친　　　　　익을 숙

親熟(친숙): 친하고 익숙함.

획순 ` 一 亠 立 立 辛 辛 辛 亲 親 親 親 親 親 親　**부수** 見

親	親	親	親	親

획순 ` 亠 亠 亠 古 宣 亨 享 享 孰 孰 孰 孰 熟 熟　**부수** 灬

熟	熟	熟	熟	熟

어휘력 親과 熟이 포함된 단어는 또 무엇이 있을까요?

가까울 **근**

親 近

친근: 사귀어 지내는 사이가 가까움.
또는 친하고 익숙함.

익힐 **련(연)**

熟 練

숙련: 연습을 많이 하여
능숙하게 익힘.

親 熟

빽빽할 **밀**

親 密

친밀: 사이가 아주
가깝고 친함.

알 **지**

熟 知

숙지: 충분히
익숙하게 앎.

문해력 親과 熟이 포함된 단어는 문장에서 어떻게 쓰일까요?

이 연극은 학업과 진로 문제 등 학생들에게 **親熟**한 소재를 주제로 한다.

나는 수학여행을 가기 전에 선생님이 나누어 주신 주의사항을 **熟知**했다.

勤 勉

부지런할 근   힘쓸 면

勤勉(근면): 부지런히 일하고 노력함.

| 획순 | 一 十 卝 卝 芇 芇 芇 莒 堇 堇 堇 勤 勤 | 부수 | 力 |

勤	勤	勤	勤	勤

| 획순 | ノ ク ケ 夕 凸 牟 兔 兎 免 勉 | 부수 | 力 |

勉	勉	勉	勉	勉

어휘력 勤과 勉이 포함된 단어는 또 무엇이 있을까요?

힘쓸 **무**

勤 務

근무: 직장에 소속되어
맡은 일을 함.

배울 **학**

勉 學

면학: 학문에 힘씀.

勤 勉

일할 **로(노)**

勤 勞

근로: 부지런히 일함.

새길 **각**　쓸 **고**　　　힘쓸 **려(여)**

刻 苦 勉 勵

각고면려: 고생하며 부지런히 노력함.

문해력 勤과 勉이 포함된 단어는 문장에서 어떻게 쓰일까요?

그는 **勤勉** 성실하여 젊은 나이에 사업으로 성공했다.

우리 학교는 **勉學** 분위기 조성을 위해 방과 후 학습을 의무화하기로 했다.

遲 刻

더딜 지/늦을 지 　　　　　 새길 각

遲刻(지각): 정해진 시각보다 늦음.

획순 ⁻ ⁻ ⁻ ⁻ ⁻ ⁻ ⁻ ⁻ ⁻ ⁻ ⁻ ⁻ ⁻ ⁻ ⁻ **부수** ⻌

遲	遲	遲	遲	遲

획순 ⁻ ⁻ ⁻ ⁻ ⁻ ⁻ ⁻ 刻 **부수** 刂

刻	刻	刻	刻	刻

어휘력 遲와 刻이 포함된 단어는 또 무엇이 있을까요?

늘일 **연**

遲 延

지연: 어떤 일이 늦어짐.

때 **시**

時 刻

시각: 시간의 한 시점.
또는 짧은 시간.

遲 刻

아닐 **부(불)**　나아갈 **진**

遲 遲 不 進

지지부진: 어떤 일이 더디어 잘 진행되지 않음.

깊을 **심**

深 刻

심각: 정도나 상태가 깊고
중대함.

문해력 遲와 刻이 포함된 단어는 문장에서 어떻게 쓰일까요?

나는 늦잠을 자서 학교에 <u>遲刻</u>을 했다.

기상 악화로 인해 비행기 출발 시간이 <u>遲延</u>되었다.

延滯

늘일 연　　　　　막힐 체

延滯(연체): 정한 기한을 지키지 못하고 지체함.

획순	ノ 彳 彳 疒 疋 延 延			부수 廴
延	延	延	延	延

획순	丶 丶 氵 汁 汁 泄 滞 滞 滞 滞 滞 滞 滞			부수 氵
滯	滯	滯	滯	滯

어휘력 延과 滯가 포함된 단어는 또 무엇이 있을까요?

길 **장**/어른 **장**

延 長

연장: 시간이나 거리 등을 늘림.

머무를 **정**

停 滯

정체: 발전하지 못하고 어떤 수준이나 범위에 머물러 그침.

延 滯

기약할 **기**

延 期

연기: 정한 기한을 뒤로 미룸.

더딜 **지**/늦을 **지**

遲 滯

지체: 시간을 늦추거나 질질 끎.

문해력 延과 滯가 포함된 단어는 문장에서 어떻게 쓰일까요?

도서 반납이 <u>延滯</u>되어 도서관에 <u>延滯</u>료를 냈다.

☆ 기한 안에 의무를 이행하지 않고 지체되었을 때 지체한 기간에 따라 내는 돈을 연체료(延滯料)라고 합니다.

생명 과학 기술의 발전으로 인간의 평균 수명이 <u>延長</u>되었다.

沈 默

잠길 침   잠잠할 묵

沈默(침묵): 아무 말 없이 조용히 있음.

획순 ` ` ⺀ ⺀ ⺀ 氵 沪 沙 沈   **부수** 氵

沈	沈	沈	沈	沈

획순 丶 冂 冂 冂 回 回 甲 里 里 黑 黑 黑 黑 黑 默 默 默   **부수** 黑

默	默	默	默	默

어휘력 沈과 默이 포함된 단어는 또 무엇이 있을까요?

붙을 **착**

沈 着

침착: 행동이나 마음이
차분함.

아닐 **부(불)**   대답 **답**

默 默 不 答

묵묵부답: 아무런 대답도 하지 않음.

沈 默

막힐 **체**

沈 滯

침체: 일이 진행되어 발전하지
못하고 제자리에 머무름.

적을 **과**

寡 默

과묵: 말이 적고 차분함.

문해력 沈과 默이 포함된 단어는 문장에서 어떻게 쓰일까요?

그는 위급한 상황에서도 당황하지 않고 **沈着**하게 행동했다.

동생은 화가 나서 방에 들어가더니 엄마가 불러도 **默默不答**이다.

盜賊

도둑 도

도둑 적

盜賊(도적): 다른 사람의 물건을 훔치는 등의 나쁜 짓을 하는 사람.

획순 `丶冫氵氵沪沙次次盗盗盗盗 부수 皿

盜	盜	盜	盜	盜

획순 丨冂冂月月目目貝貝貝貯賊賊賊 부수 貝

賊	賊	賊	賊	賊

어휘력 盜와 賊이 포함된 단어는 또 무엇이 있을까요?

강할 **강**

强 盜

강도: 폭력이나 협박으로 다른 사람의 물건이나 재물 등을 빼앗는 도둑.

바다 **해**

海 賊

해적: 바다에서 배를 타고 다니면서 배 또는 해안 지역 등을 습격하여 재물을 빼앗는 강도.

盜 賊

들을 **청**

盜 聽

도청: 다른 사람의 대화 등을 몰래 엿듣는 일.

돌이킬 **반**/돌아올 **반** 멜 **하**/꾸짖을 **하** 지팡이 **장**

賊 反 荷 杖

적반하장: 도둑이 도리어 매를 든다는 뜻으로 잘못한 사람이 오히려 아무 잘못 없는 사람을 나무람을 이르는 말.

문해력 盜와 賊이 포함된 단어는 문장에서 어떻게 쓰일까요?

> 은행에 **强盜**가 들어 경찰이 출동했다.

> 자신의 잘못으로 사고를 낸 운전자는 **賊反荷杖**으로 상대방에게 화를 냈다.

한자 쓰기 연습				단어 쓰기 연습
讓		步	▶	
사양할 양		걸음 보		양보
侵		犯	▶	
침노할 침		범할 범		침범
拒		絶	▶	
막을 거		끊을 절		거절
疾		患	▶	
병 질		근심 환		질환
親		熟	▶	
친할 친		익을 숙		친숙

한자 쓰기 연습				단어 쓰기 연습
勤 부지런할 근		勉 힘쓸 면	▶	근면
遲 더딜 지/ 늦을 지		刻 새길 각	▶	지각
延 늘일 연		滯 막힐 체	▶	연체
沈 잠길 침		默 잠잠할 묵	▶	침묵
盜 도둑 도		賊 도둑 적	▶	도적

문제 풀면서 복습

1 주어진 뜻과 음에 일치하는 한자를 찾아 알맞은 기호를 표시하세요.

사양할 양 ○

범할 범 ☆

막을 거 □

익을 숙 ◇

늘일 연 △

犯　侵
患　拒
延　讓
疾　熟

2 주어진 뜻과 한자를 연결하고 한자에 맞는 음을 쓰세요.

걸음 ·　　　　　·勤 ⇨

끊다 ·　　　　　·絕 ⇨

부지런하다 ·　　　·盜 ⇨

더디다/늦다 ·　　　·步 ⇨

도둑 ·　　　　　·遲 ⇨

3 주어진 뜻과 어울리는 한자어에 O 표시하세요.

1) 친하고 익숙함.

親熟 / 辭讓

2) 부지런히 일하고 노력함.

侵害 / 勤勉

3) 정해진 시각보다 늦음.

勤勞 / 遲刻

4 다음 글을 읽고 주어진 한자가 각각 몇 번 나왔는지 그 횟수를 쓰세요.

나는 오늘 버스를 타고 등교하다가 할머니께 자리를

양보해드렸다.

할머니는 사양하시다가 자리에 앉으셨다.

교통 정체가 심해 중간에 버스에서 내려 도보로

학교에 갔다.

비록 학교에 지각했지만 기분이 좋았다.

讓 ····· ◯

步 ····· ◯

辭 ····· ◯

滯 ····· ◯

徒 ····· ◯

遲 ····· ◯

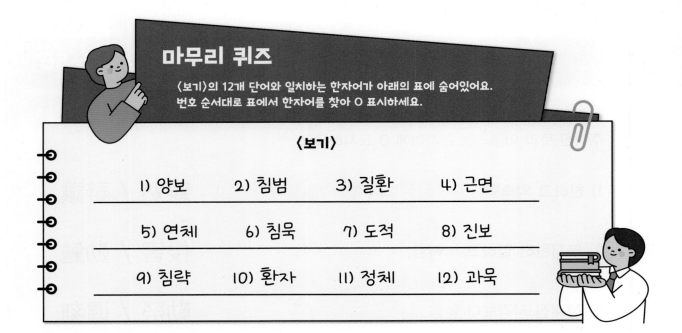

마무리 퀴즈

〈보기〉의 12개 단어와 일치하는 한자어가 아래의 표에 숨어있어요.
번호 순서대로 표에서 한자어를 찾아 O 표시하세요.

〈보기〉

1) 양보	2) 침범	3) 질환	4) 근면
5) 연체	6) 침묵	7) 도적	8) 진보
9) 침략	10) 환자	11) 정체	12) 과묵

親	熟	侵	遲	刻	罪
密	練	略	犯	沈	寡
讓	渡	疾	患	默	着
進	步	徒	者	勤	勞
停	延	拒	否	勉	學
滯	期	斷	絶	盜	賊

51~60

標 표할 표	本 근본 본	
補 기울 보/도울 보	償 갚을 상	
輕 가벼울 경	重 무거울 중	
紛 어지러울 분	爭 다툴 쟁	
蒸 찔 증	發 필 발	

供 이바지할 공	給 줄 급	
省 살필 성, 덜 생	墓 무덤 묘	
從 좇을 종	屬 무리 속	
滅 꺼질 멸/멸할 멸	亡 망할 망	
普 넓을 보	及 미칠 급	

標 本

표할 **표**

근본 **본**

標本(표본): 본보기가 되는 것.

획순 一 十 才 才 木 杧 栌 柙 柙 栖 栖 標 標 標　부수 木

標	標	標	標	標

획순 一 十 才 木 本　부수 木

本	本	本	本	本

어휘력 標와 本이 포함된 단어는 또 무엇이 있을까요?

준할 **준**

標 準

표준: 일반적이거나 평균적인 것.

다리 **각**

脚 本

각본: 영화나 연극 등을 위해서 배우의 대사, 동작 등을 자세하게 적은 글.

標 本

가리킬 **지**

指 標

지표: 방향이나 목적 등을 나타내는 표지.

대 **대**

臺 本

대본: 영화나 연극 등을 제작하는 데 기본이 되는 각본.

문해력 標와 本이 포함된 단어는 문장에서 어떻게 쓰일까요?

나는 최선을 다하라는 부모님의 말씀을 **指標**로 삼고 열심히 공부했다.

우리는 함께 학예회 때 할 연극의 **臺本**을 만들었다.

공급

供 給

 이바지할 공　　　　줄 급

供給(공급): 물품 등을 제공함.

획순　ノ　イ　仁　什　供　供　供　供　　　부수　イ

供	供	供	供	供

획순　ㄴ　幺　幺　牟　糸　糸　糹　紆　紵　給　給　給　　부수　糹

給	給	給	給	給

어휘력 供과 給이 포함된 단어는 또 무엇이 있을까요?

끌 제
提 供
제공: 어떤 것을 내주어 도움이 되게 해줌.

밥 식/먹을 식
給 食
급식: 식사를 제공함.

供 給

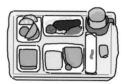

기를 양
供 養
공양: 음식 등을 이바지하여 웃어른을 모심.

스스로 자   스스로 자   발 족
自 給 自 足
자급자족: 필요한 것을 스스로 생산하여 채움.

문해력 供과 給이 포함된 단어는 문장에서 어떻게 쓰일까요?

수도관 공사로 인해 수돗물 **供給**이 일시적으로 중단되었다.

오늘 **給食** 메뉴는 내가 좋아하는 스파게티이다.

補償

기울 보/도울 보　　　　갚을 상

補償(보상): 다른 사람에게 끼친 손해를 갚음. 또는 국가나 공공 단체가 적법한 행위로 인해 국민에게 끼친 재산 상의 손해 등을 갚기 위해 제공하는 대가.

| 획순 | ` ̀ ㇀ ㇏ 衤 衤 衤 衤 衤 衤 補 補 | 부수 | 衤 |

補	補	補	補	補

| 획순 | ノ イ 仁 仵 佇 佇 俨 俨 俨 償 償 償 償 償 償 償 | 부수 | イ |

償	償	償	償	償

어휘력 補와 償이 포함된 단어는 또 무엇이 있을까요?

채울 **충**

補 充

보충: 부족한 것을 더하여
채움.

분별할 **변**

辨 償

변상: 다른 사람에게 끼친
손해를 물어 주거나 빚을 갚음.

補 償

기후 **후**/살필 **후**

候 補

후보: 선거에서 어떤 직위에 오르기
위해 자격을 갖추어 나섬. 또는 어떤
지위에 오를 자격이나 가능성이 있음.

물어줄 **배**

賠 償

배상: 다른 사람의 권리를 침해한
사람이 손해를 물어 주는 일.

문해력 補와 償이 포함된 단어는 문장에서 어떻게 쓰일까요?

나는 방과후에 부족한 공부를 <u>補充</u>하기 위해 <u>補充</u> 수업을 듣는다.

손님은 가게 주인에게 자신이 실수로 망가뜨린 가게 물건을 <u>辨償</u>했다.

省 墓

살필 성, 덜 생

무덤 묘

省墓(성묘): 조상의 산소를 찾아가 인사하고 산소를 살피고 돌봄.

| 획순 | ノ 小 小 少 少 省 省 省 省 | 부수 | 目 |

省	省	省	省	省

| 획순 | 一 十 艹 艹 艹 芦 苜 莒 莫 莫 莫 墓 墓 | 부수 | 土 |

墓	墓	墓	墓	墓

어휘력 省과 墓가 포함된 단어는 또 무엇이 있을까요?

돌아갈 **귀**

歸 省

귀성: 객지에서 부모님을 뵈러 고향으로 돌아가거나 돌아옴.

땅 **지**

墓 地

묘지: 송장이나 유골을 묻은 곳. 또는 무덤이 있는 땅이나 무덤을 만들 수 있도록 국가에서 허가 받은 지역.

省 墓

간략할 **략(약)**/다스릴 **략(약)**

省 略

생략: 일부를 빼거나 줄임.

비석 **비**

墓 碑

묘비: 무덤 앞에 죽은 사람을 기리기 위해 세운 비석.

* 省은 '덜 생'으로 쓰였습니다.

문해력 省과 墓가 포함된 단어는 문장에서 어떻게 쓰일까요?

우리 가족은 명절에 조상님의 산소로 <u>省墓</u>를 다녀왔다.

명절 연휴가 되면 기차역은 부모님을 뵈러 고향으로 가는 <u>歸省</u>객들로 붐빈다.

☆ 기차나 비행기 등을 타고 객지에서 부모님을 뵈러 고향으로 돌아가거나 돌아오는 사람을 귀성객(歸省客)이라고 합니다.

가벼울 경   무거울 중

輕重(경중): 가벼움과 무거움. 또는 가볍고 무거운 정도. 중요함과 중요하지 않음.

획순 一 ㄷ 厅 弁 百 亘 車 車 輕 輕 輕 輕 輕 輕   **부수** 車

輕	輕	輕	輕	輕

획순 ㄥ ㄥ 仁 仟 듭 듭 亩 盲 重 重   **부수** 里

重	重	重	重	重

어휘력 輕과 重이 포함된 단어는 또 무엇이 있을까요?

거느릴 **솔**

輕 率

경솔: 말이나 행동이
가볍고 조심성이 없음.

삼갈 **신**

愼 重

신중: 매우 조심스러움.

輕 重

들 **거**　망령될 **망**　움직일 **동**

輕 擧 妄 動

경거망동: 가볍고 망령되게 행동한다는 뜻으로 생각
없이 경솔하게 행동함을 의미함.

엄할 **엄**

嚴 重

엄중: 매우 엄함.

문해력 輕과 重이 포함된 단어는 문장에서 어떻게 쓰일까요?

> 그는 자신의 <u>輕率</u>한 행동으로 친구에게 상처를 준 것에 대해 미안해했다.

> 그는 매사에 <u>愼重</u>한 성격이어서 실수하는 일이 없다.

從 屬

좇을 종　　　　　무리 속

從屬(종속): 자주적이지 않고 주요하거나 기본이 되는 것에 딸려 붙음.

획순　ノ ク 彳 彳 彳 彳 彳 彳 彳 彳 從　부수 彳

從	從	從	從	從

획순　フ コ 尸 尸 尸 尸 尸 尸 尸 屬 屬 屬 屬 屬 屬 屬 屬 屬 屬 屬　부수 尸

屬	屬	屬	屬

어휘력 從과 屬이 포함된 단어는 또 무엇이 있을까요?

옷 복
服 從
복종: 다른 사람의 명령이나
생각 등에 그대로 따름.

바 소
所 屬
소속: 어떤 조직이나 단체
등에 딸림.

從 屬

쫓을 추/따를 추
追 從
추종: 다른 사람의 뒤를
따라서 좇음.

성품 성
屬 性
속성: 사물의 특징이나
성질.

문해력 從과 屬이 포함된 단어는 문장에서 어떻게 쓰일까요?

그녀의 노래 실력은 타(他)의 **追從**을 불허한다.

☆ '타의 추종을 불허하다'라는 말은 실력이 뛰어나서 비교 대상이 없다는 뜻으로 쓰입니다.

우리 아빠는 서울시 **所屬**의 공무원이다.

어지러울 분   다툴 쟁

紛爭(분쟁): 말썽을 일으켜 시끄럽게 다툼.

| 획순 | ノ 幺 幺 糸 糸 糸 糼 糼 紛 紛 | 부수 糸 |

紛	紛	紛	紛	紛

| 획순 | ノ ハ ハ ハ ハ 쓰 쓰 爭 爭 | 부수 爪 |

爭	爭	爭	爭	爭

어휘력 紛과 爭이 포함된 단어는 또 무엇이 있을까요?

어지러울 **란(난)**

紛 亂

분란: 어수선하고
소란스러움.

말씀 **언**

言 爭

언쟁: 말다툼.

紛 爭

잃을 **실**

紛 失

분실: 자기도 모르는
사이에 물건 등을 잃어버림.

점 **점**

爭 點

쟁점: 다툼의 중심이
되는 점.

문해력 紛과 爭이 포함된 단어는 문장에서 어떻게 쓰일까요?

영토 문제를 두고 두 나라 간에 **紛爭**이 일어났다.

두 사람은 사소한 일로 **言爭**하다가도 금방 화해한다.

滅亡

꺼질 멸/멸할 멸 　　　　망할 망

滅亡(멸망): 망해서 없어짐.

획순 ﹀ ﹀ 氵 氵 氵 氵 氵 氵 氵 氵 滅 滅 滅　　　부수 氵

滅　滅　滅　滅　滅

획순 ﹀ 亠 亡　　　부수 亠

亡　亡　亡　亡　亡

어휘력 滅과 亡이 포함된 단어는 또 무엇이 있을까요?

씨 **종**

滅 種

멸종: 생물의 한 종류가
완전히 없어짐.

죽을 **사**

死 亡

사망: 사람이 죽음.

滅 亡

아닐 **부(불)**

不 滅

불멸: 없어지지 않음.

입술 **순**   이 **치**   찰 **한**

脣 亡 齒 寒

순망치한: 입술이 없으면 이가 시리다는 뜻으로
가까운 사이에서 어느 한쪽이 망하면 다른 쪽도 영향을
받아 온전하기 어려움을 의미함.

문해력 滅과 亡이 포함된 단어는 문장에서 어떻게 쓰일까요?

신라와 당나라 연합군에 의해 백제가 <u>滅亡</u>하였다.

기후 변화와 환경 파괴로 인해 많은 동물들이 <u>滅種</u> 위기에 처해 있다.

蒸 發

찔 증   필 발

蒸發(증발): 액체 상태에서 기체 상태로 변함.
또는 어떤 것이 갑자기 사라져 행방을 알 수 없음.

| 획순 | 一 十 艹 芀 芀 茅 茅 蒸 蒸 蒸 蒸 蒸 | 부수 | 艹 |

蒸　蒸　蒸　蒸　蒸

| 획순 | ⁊ ⁊ ⁊ ⁊' ⁊ᵡ ⁊ᵡ ⁊ᵡ 癶 癶 癶 發 發 | 부수 | 癶 |

發　發　發　發　發

어휘력 蒸과 發이 포함된 단어는 또 무엇이 있을까요?

물 **수**　　　　　기운 **기**

水 蒸 氣

수증기: 물이 기체 상태로 된 것.

떨칠 **분**

奮 發

분발: 마음과 힘을 다해 기운을 냄.

蒸 發

낙숫물 **류(유)**

蒸 溜

증류: 액체에 열을 가해 기체로 만들었다가 냉각시켜 다시 액체로 만드는 일.

돋울 **도**

挑 發

도발: 남을 집적거려 어떤 일을 일으키는 것.

문해력 蒸과 發이 포함된 단어는 문장에서 어떻게 쓰일까요?

물에 열을 가하면 **蒸發**하여 **水蒸氣**가 된다.

지난 경기에서 패배한 선수들은 **奮發**하여 열심히 훈련한 덕분에 이번 경기에서 승리할 수 있었다.

普 及

넓을 보   미칠 급

普及(보급): 널리 퍼져 골고루 알려 누리게 함.

획순 `丶丷丷丷ザ丷丷并并普普普` **부수** 日

普	普	普	普	普

획순 `丿丿乃及` **부수** 又

及	及	及	及	及

어휘력 普와 及이 포함된 단어는 또 무엇이 있을까요?

통할 **통**

普 通

보통: 일반적으로 흔하게. 또는 평범한 것이나 중간 정도인 것.

말씀 **언**

言 及

언급: 어떤 문제에 관련하여 말함.

普 及

두루 **편**

普 遍

보편: 모든 것에 두루 통함.

지날 **과** 오히려 **유**/원숭이 **유** 아닐 **부(불)**

過 猶 不 及

과유불급: 정도가 지나친 것은 미치지 못한 것과 같다는 뜻으로 중용(中庸)이 중요함을 이르는 말.

* 중용(中庸)이란 지나치거나 모자라지 않고 어느 한 쪽으로 치우치지 않는 것을 의미합니다.

문해력 普와 及이 포함된 단어는 문장에서 어떻게 쓰일까요?

금속 활자 인쇄술의 발명으로 책이 널리 **普及**되었다.

무슨 일인지 그는 **普通** 때와 달리 일찍 학교에 갔다.

한자 쓰기 연습				단어 쓰기 연습
標 표할 표		本 근본 본		▶ 표본
供 이바지할 공		給 줄 급		▶ 공급
補 기울 보/도울 보		償 갚을 상		▶ 보상
省 살필 성, 덜 생		墓 무덤 묘		▶ 성묘
輕 가벼울 경		重 무거울 중		▶ 경중

한자 쓰기 연습			단어 쓰기 연습
從	屬	▶	
좇을 종	무리 속		종속
紛	爭	▶	
어지러울 분	다툴 쟁		분쟁
滅	亡	▶	
꺼질 멸/ 멸할 멸	망할 망		멸망
蒸	發	▶	
찔 증	필 발		증발
普	及	▶	
넓을 보	미칠 급		보급

문제 풀면서 복습

1 주어진 뜻과 음에 일치하는 한자를 찾아 알맞은 기호를 표시하세요.

표할 표 ○

살필 성, 덜 생 ☆

어지러울 분 □

찔 증 ◇

넓을 보 △

紛　　供

重　　㊚標

蒸　　及

普　　省

2 주어진 뜻과 한자를 연결하고 한자에 맞는 음을 쓰세요.

주다 •　　• 償 ⇨

갚다 •　　• 墓 ⇨

무덤 •　　• 屬 ⇨

무리 •　　• 爭 ⇨

다투다 •　　• 給 ⇨

3 주어진 뜻과 어울리는 한자어에 O 표시하세요.

1) 부족한 것을 더하여 채움.　　　　　　　指標 / 補充

2) 일부를 빼거나 줄임.　　　　　　　　　省略 / 賠償

3) 자기도 모르는 사이에 물건 등을 잃어버림.　蒸溜 / 紛失

4 다음 글을 읽고 주어진 한자가 각각 몇 번 나왔는지 그 횟수를 쓰세요.

급식 시간에 우리 반에서 도난 사고가 발생했다.

지갑을 잃어버린 친구는 경솔하게 다른 친구를 의심했다.

나중에 알고 보니 지갑을 도난 당한 것이 아니라

친구가 급식실에서 분실한 것이었다.

친구는 함부로 다른 사람을 의심하지 말고 신중하게

행동했어야 했다.

給 ……… ◯
食 ……… ◯
輕 ……… ◯
率 ……… ◯
紛 ……… ◯
愼 ……… ◯

마무리 퀴즈

〈보기〉의 12개 단어와 일치하는 한자어가 아래의 표에 숨어있어요.
번호 순서대로 표에서 한자어를 찾아 O 표시하세요.

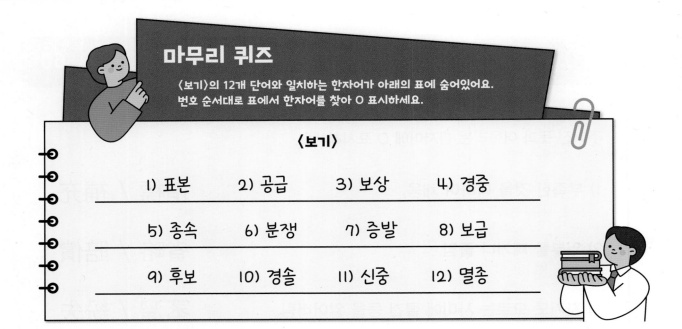

〈보기〉

1) 표본   2) 공급   3) 보상   4) 경중

5) 종속   6) 분쟁   7) 증발   8) 보급

9) 후보   10) 경솔   11) 신중   12) 멸종

歸	蒸	發	輕	愼	脚
滅	種	候	率	重	奮
省	墓	補	追	從	嚴
指	略	供	償	屬	溜
紛	給	養	普	標	準
失	爭	辨	及	挑	本

價	客	格	見	結
값 가	손 객	격식 격	볼 견, 뵈올 현	맺을 결
決	敬	告	課	過
결단할 결	공경 경	고할 고	공부할 과/ 과정 과	지날 과
觀	關	廣	具	舊
볼 관	관계할 관	넓을 광	갖출 구	예 구/옛 구
局	基	己	念	能
판 국	터 기	몸 기	생각 념(염)	능할 능
團	當	德	到	獨
둥글 단	마땅 당	클 덕/덕 덕	이를 도	홀로 독
朗	良	旅	歷	練
밝을 랑(낭)	어질 량(양)	나그네 려(여)	지날 력(역)	익힐 련(연)
勞	流	類	陸	望
일할 로(노)	흐를 류(유)	무리 류(유)	뭍 륙(육)	바랄 망

法	變	兵	福	奉
법 법	변할 변	병사 병	복 복	받들 봉
史	士	仕	産	商
사기 사	선비 사	섬길 사	낳을 산	장사 상
相	鮮	仙	說	性
서로 상	고울 선	신선 선	말씀 설, 달랠 세	성품 성
洗	歲	束	首	宿
씻을 세	해 세	묶을 속	머리 수	잘 숙, 별자리 수
順	識	臣	實	兒
순할 순	알 식	신하 신	열매 실	아이 아
惡	約	養	要	友
악할 악, 미워할 오	맺을 약	기를 양	요긴할 요	벗 우
雨	雲	元	偉	以
비 우	구름 운	으뜸 원	클 위	써 이

任	財	材	的	傳
맡길 **임**	재물 **재**	재목 **재**	과녁 **적**	전할 **전**
典	展	節	切	店
법 **전**	펼 **전**	마디 **절**	끊을 **절**, 온통 **체**	가게 **점**
情	調	卒	種	週
뜻 **정**	고를 **조**	마칠 **졸**	씨 **종**	돌 **주**
州	知	質	着	參
고을 **주**	알 **지**	바탕 **질**	붙을 **착**	참여할 **참**
責	充	宅	品	必
꾸짖을 **책**	채울 **충**	집 **택**	물건 **품**	반드시 **필**
筆	害	化	效	凶
붓 **필**	해할 **해**	될 **화**	본받을 **효**	흉할 **흉**

초등 6 한자 마무리 테스트

[문제 1-20] 다음 밑줄 친 漢字語_{한자어}의 讀音(독음: 읽는 소리)을 쓰세요.

〈보기〉 漢字 → 한자

[1] 날씨가 너무 더워서 <u>渴症</u>이 났습니다.

[2] 건물 화재로 인해 근처 주민들이 <u>緊急</u>히 대피하였습니다.

[3] 빈부 <u>隔差</u>가 심화되면서 많은 사회 문제가 발생하고 있습니다.

[4] 휴대폰에 새로운 기능이 <u>追加</u>되었습니다.

[5] 나는 다른 사람을 친구로 <u>錯覺</u>했습니다.

[6] 나는 시험 출제 <u>頻度</u>가 높은 문제부터 공부했습니다.

[7] 적군은 상황이 불리해지자 <u>降伏</u>했습니다.

[8] 나는 컴퓨터에서 필요 없는 파일들을 <u>削除</u>했습니다.

[9] 언니는 방학 때 운전<u>免許</u>를 땄습니다.

[10] 반칙으로 경고를 받은 선수가 심판의 판정에 <u>抗議</u>했습니다.

[11] 나는 도서관에 빌려간 책을 <u>返納</u>했습니다.

[12] 놀이동산에는 다양한 놀이 <u>器具</u>가 있습니다.

[13] 해외 여행을 가기 전에 은행에서 돈을 <u>換錢</u>하였습니다.

[14] 새로 개업한 가게에서 가게 홍보 전단지를 <u>配布</u>했습니다.

[15] 컴퓨터가 바이러스에 <u>感染</u>되었습니다.

[16] 그 과학 연구소는 <u>尖端</u> 설비를 갖추고 있습니다.

[17] 그는 평화를 <u>志向</u>하는 평화주의자입니다.

[18] 그 지역은 가뭄으로 인해 토지가 <u>荒廢</u>해졌습니다.

[19] 나는 할머니께 자리를 <u>讓步</u>했습니다.

[20] 나는 늦잠을 자서 수업시간에 <u>遲刻</u>을 했습니다.

[문제 21-38] 다음 漢字_{한자}의 訓(훈: 뜻)과 音 (음: 소리)을 쓰세요.

〈보기〉 漢 → 한나라 한

[21] 棄

[22] 稀

[23] 默

[24] 蒸

[25] 誤

[26] 繁

[27] 侵

[28] 補

[29] 讚

[30] 添

[31] 汚

[32] 疫

[33] 髮

[34] 縮

[35] 映

[36] 審

[37] 疏

[38] 宣

[문제 39-42] 다음 訓(훈: 뜻)과 音(음: 소리)에 맞 는 漢字_{한자}를 〈보기〉에서 골라 그 번호를 쓰세 요.

〈보기〉

① 沈　② 屬　③ 賊　④ 患

[39] 무리 속

[40] 도둑 적

[41] 근심 환

[42] 잠길 침

[문제 43-44] 다음 밑줄 친 漢字語_{한자어}를 〈보 기〉에서 찾아 그 번호를 쓰세요.

〈보기〉

① 刻薄　② 壓迫　③ 崇尙　④ 辨償

[43] 경기가 어려워지면서 인심이 <u>각박</u>해졌습 니다.

[44] 손님은 가게 주인에게 자신이 실수로 망 가뜨린 가게 물건을 <u>변상</u>했습니다.

[문제 45-46] 다음 漢字한자의 상대 또는 반대되는 漢字한자를 〈보기〉에서 골라 그 번호를 쓰세요.

〈보기〉
① 橫　② 愼　③ 輕　④ 衝

[45] (　　　　) ↔ 重

[46] 縱 ↔ (　　　　)

[문제 47-48] 다음 뜻에 맞는 漢字語한자어를 〈보기〉에서 찾아 그 번호를 쓰세요.

〈보기〉
① 誇張　② 勸奬　③ 親熟　④ 讚揚

[47] 권하여 장려함.

[48] 친하고 익숙함.

[문제 49-50] 다음 漢字한자의 진하게 표시한 획은 몇 번째 쓰는지 〈보기〉에서 찾아 그 번호를 쓰세요.

① 첫 번째　② 두 번째
③ 세 번째　④ 네 번째
⑤ 다섯 번째　⑥ 여섯 번째
⑦ 일곱 번째　⑧ 여덟 번째
⑨ 아홉 번째　⑩ 열 번째

[49]

[50]

정답 01~10

문제 풀면서 복습

01
감독할 독- 督
베풀 장- 張
긴할 긴- 緊
사이 뜰 격- 隔
어긋날 착- 錯

02
떠들다- 騷 소
목마르다- 渴 갈
재촉하다- 促 촉
다르다- 差 차
그르치다- 誤 오

03
1) 渴症   2) 挑戰   3) 追加

04
渴-1번	症-3번	炎-1번
痛-1번	督-1번	勵-1번

오늘은 학교에서 가까운 산으로 등산을 갔다.
여름이라 더워서 갈증(渴症)이 났다.
산을 오르다가 넘어져서 다쳤는데 선생님께서 염증(炎症)이 나지 않도록 응급 처치를 해주셨다.
통증(痛症)이 있었지만 선생님께서 독려(督勵)해 주신 덕분에 끝까지 산을 오를 수 있었다.

마무리 퀴즈

1) 소동   2) 촉박   3) 확장   4) 추구
5) 소음   6) 진동   7) 통증   8) 과장
9) 긴장   10) 차이   11) 고군분투   12) 착각

差	臨	擴	充	急	錯
異	孤	追	求	振	覺
離	枯	軍	騷	動	搖
督	渴	症	奮	音	權
促	望	誇	緊	鬪	炎
進	迫	擴	張	痛	症

정답 11~20

문제 풀면서 복습

01
번성할 번 - 繁
높을 숭 - 崇
덜 제 - 除
전염병 역 - 疫
터럭 발 - 髮

02
자주 - 頻 빈
더하다 - 添 첨
깎다 - 削 삭
면하다 - 免 면
줄이다 - 縮 축

03
1) 頻繁   2) 稱讚   3) 短縮

04
霜 - 1번   折 - 1번   頻 - 1번
縮 - 1번   稱 - 1번   讚 - 1번

나는 공부를 열심히 하지만 시험 점수가
좋지 않다.
설상가상(雪上加霜)으로 저번에는 시
험 범위의 절반(折半) 정도 밖에 공부하
지 못했다.
그래서 이번에는 출제 빈도(頻度)가 높
은 문제를 우선으로 공부하였다.
공부 시간도 단축(短縮)되고 시험도 잘
봐서 부모님께 칭찬(稱讚)을 받았다.

마무리 퀴즈

1) 숭고   2) 항복   3) 굴절   4) 첨가
5) 삭제   6) 모발   7) 빈도   8) 고결
9) 하강   10) 호칭   11) 면허   12) 탈모

投	服	尙	拜	尙	辱
篇	減	崇	高	免	許
削	除	去	潔	頻	繁
短	縮	下	屈	折	度
脫	呼	稱	降	添	潛
約	毛	髮	伏	辭	加

문제 풀면서 복습

01
비칠 영- 映
살필 심- 審
가로 횡- 橫
사나울 폭- 暴
대적할 적- 敵

02
판단하다- 判 판
의논하다- 議 의
세로- 縱 종
번역하다- 譯 역
그릇- 器 기

03
1) 異議   2) 橫斷   3) 暴炎

04
映-6번   畫-5번   將-2번
軍-3번   敵-3번   手-1번

나는 친구와 영화(映畫)를 보러 영화(映畫)관에 갔다.
영화(映畫)관에서는 전쟁 영화(映畫)를 상영(上映) 중이었다.
영화(映畫)는 전설적인 장군(將軍)에 대한 이야기였다.
장군(將軍)은 거의 무적(無敵)이어서 적수(敵手)가 없었고 적군(敵軍)을 물리쳐 나라의 영웅이 되었다.

마무리 퀴즈

1) 영화   2) 심판   3) 항의   4) 폭로
5) 소통   6) 납부   7) 충돌   8) 적군
9) 자화자찬   10) 판결   11) 통역   12) 부탁

문제 풀면서 복습

01
장려할 장- 獎
더러울 오- 汚
폐할 폐/버릴 폐- 廢
바꿀 환- 換
드물 희- 稀

02
권하다- 勸 권
베풀다- 宣 선
물들다- 染 염
버리다- 棄 기
타다- 乘 승

03
1) 汚染   2) 換乘   3) 稀薄

04
汚-2번   弊-1번   廢-1번
棄-2번   勸-1번   投-1번

오늘 수업 시간에 환경 오염(汚染)문제
에 대해 이야기했다.
환경 오염(汚染)의 폐해(弊害)로 인해
멸종 위기 동물이 증가하고 있다고 한
다.
학교에서는 학생들에게 급식 시간에 먹
다 버리는 음식 폐기(廢棄)물을 줄일 것
을 권장(勸奬)하였다.
우리는 쓰레기를 무단으로 투기(投棄)
하지 않기로 했다.

마무리 퀴즈

1) 권장   2) 함몰   3) 분노   4) 폐단
5) 편향   6) 폐기   7) 감염   8) 함정
9) 첨단   10) 기권   11) 승객   12) 희귀

정답 41~50

문제 풀면서 복습

01
사양할 양– 讓
범할 범– 犯
막을 거– 拒
익을 숙– 熟
늘일 연– 延

02
걸음– 步 보
끊다– 絶 절
부지런하다– 勤 근
더디다/늦다– 遲 지
도둑– 盜 도

03
1) 親熟   2) 勤勉   3) 遲刻

04
讓–2번   步–2번   辭–1번
滯–1번   徒–1번   遲–1번

나는 오늘 버스를 타고 등교하다가 할머
니께 자리를 양보(讓步)해드렸다.
할머니는 사양(辭讓)하시다가 자리에
앉으셨다.
교통 정체(停滯)가 심해 중간에 버스에
서 내려 도보(徒步)로 학교에 갔다.
비록 학교에 지각(遲刻)했지만 기분이
좋았다.

마무리 퀴즈

1) 양보   2) 침범   3) 질환   4) 근면
5) 연체   6) 침묵   7) 도적   8) 진보
9) 침략   10) 환자   11) 정체   12) 과묵

親	熟	侵	遲	刻	罪
密	練	略	犯	沈	寡
讓	渡	疾	患	默	着
進	步	徒	者	勤	勞
停	延	拒	否	勉	學
滯	期	斷	絶	盜	賊

문제 풀면서 복습

01
표할 표- 標
살필 성, 덜 생- 省
어지러울 분- 紛
찔 증- 蒸
넓을 보- 普

02
주다- 給 급
갚다- 償 상
무덤- 墓 묘
무리- 屬 속
다투다- 爭 쟁

03
1) 補充   2) 省略   3) 紛失

04
給-2번   食-2번   輕-1번
率-1번   紛-1번   愼-1번

급식(給食) 시간에 우리 반에서 도난 사고가 발생했다.
지갑을 잃어버린 친구는 경솔(輕率)하게 다른 친구를 의심했다.
나중에 알고 보니 지갑을 도난 당한 것이 아니라 친구가 급식(給食)실에서 분실(紛失)한 것이었다.
친구는 함부로 다른 사람을 의심하지 말고 신중(愼重)하게 행동했어야 했다.

마무리 퀴즈

1) 표본   2) 공급   3) 보상   4) 경중
5) 종속   6) 분쟁   7) 증발   8) 보급
9) 후보   10) 경솔   11) 신중   12) 멸종

초등 6 한자 마무리 테스트

1 갈증 2 긴급 3 격차 4 추가 5 착각 6 빈도 7 항복 8 삭제 9 면허 10 항의 11 반납 12 기구 13 환전 14 배포 15 감염 16 첨단 17 지향 18 황폐 19 양보 20 지각 21 버릴 기 22 드물 희 23 잠잠할 묵 24 찔 증 25 그르칠 오 26 번성할 번 27 침노할 침 28 기울 보/도울 보 29 기릴 찬 30 더할 첨 31 더러울 오 32 전염병 역 33 터럭 발 34 줄일 축 35 비칠 영 36 살필 심 37 소통할 소 38 베풀 선 39 ② 40 ③ 41 ④ 42 ① 43 ① 44 ④ 45 ③ 46 ① 47 ② 48 ③ 49 ⑤ 50 ②